穿越百年中国梦

吕章申题

国家出版基金项目
NATIONAL PUBLICATION FOUNDATION

顾　问：吕章申
主　编：陈履生
副主编：白云涛

穿越百年中国梦

走进21世纪

写给孩子的“四史”学习教育读本

张维青◎著

SPM
南方出版传媒
新世纪出版社
·广州·

图书在版编目（CIP）数据

走进21世纪 / 张维青著 . — 广州 : 新世纪出版社，2017.12（2022.6 重印）

（穿越百年中国梦 / 陈履生主编）

ISBN 978-7-5583-1010-2

Ⅰ . ①走…　Ⅱ . ①张…　Ⅲ . ①社会主义建设成就—中国—少年读物　Ⅳ . ① D619-49

中国版本图书馆 CIP 数据核字（2017）第 296987 号

出 版 人：陈少波　　策　　划：宁　伟
责任编辑：宁　伟　　特约编辑：耿　谦
排版设计：大有图文　　技术编辑：陈　雪

走进 21 世纪　ZOUJIN 21 SHIJI
张维青 / 著

出版发行：新世纪出版社
（广州市大沙头四马路 10 号）
经　　销：全国新华书店
印　　刷：天津科创新彩印刷有限公司
规　　格：880mm × 1230mm　1/32
印　　张：4.5
字　　数：61 千字
版　　次：2017 年 12 月第 1 版
印　　次：2022 年 6 月第 5 次印刷
书　　号：ISBN 978-7-5583-1010-2
定　　价：22.50 元

如发现印装质量问题，影响阅读，请联系调换：
北京广版新世纪文化传媒有限公司
销售热线：010-65545429
［书中图片由中国国家博物馆提供］

目 录
contents

《穿越百年中国梦》总序

2012 年 11 月 29 日，党的十八大闭幕刚刚半个月，习近平总书记率领新一届中央政治局常委和中央书记处的同志，来到中国国家博物馆参观《复兴之路》基本陈列。

那天上午，习总书记一行轻车简从，9 时许来到国家博物馆，进入《复兴之路》展厅参观。一件件实物，一幅幅照片，一张张图表，一段段视频，把我们带回到近代以来跌宕起伏、波澜壮阔的难忘岁月。在 19 世纪末列强割占领土、设立租借地、划分势力范围示意图前，在鸦片战争期间虎门抗英的大炮前，在反映辛亥革命的文物和照片前，在《共产党宣言》第一个中文全译本前，在中华人民共和国第一面五星红旗前，在党的十一届三中全会照片前，习总书记不时停下脚步，认真观看，详细询问相关历史背景和文物情况。

在参观期间，习总书记发表了重要讲话。他说，《复兴之路》这个展览，回顾了中华民族的昨天，展示了中华民族的今天，宣示了中华民族的明天。中华民族的昨天，可以说是“雄

关漫道真如铁”。近代以后，中华民族遭受的苦难之重、付出的牺牲之大，在世界历史上都是罕见的。但是，中国人民从不屈服，不断奋起抗争，终于掌握了自己的命运，开始了建设自己国家的伟大进程，充分展示了以爱国主义为核心的伟大民族精神。中华民族的今天，正可谓“人间正道是沧桑”。改革开放以来，我们总结历史经验，不断艰辛探索，终于找到了实现中华民族伟大复兴的正确道路，取得了举世瞩目的成果。中华民族的明天，可以说是“长风破浪会有时”。经过鸦片战争以来 170 多年的持续奋斗，中华民族伟大复兴展现出光明的前景。现在，我们比历史上任何时期都更接近中华民族伟大复兴的目标，比历史上任何时期都更有信心、有能力实现这个目标。讲到这里，总书记环顾大家，深情阐述“中国梦”。他说：“现在大家都在讨论中国梦，我以为，实现中华民族伟大复兴，就是中华民族近代以来最伟大的梦想。这个梦想，凝聚了几代中国人的夙愿，体现了中华民族和中国人民的整体利

益，是每一个中华儿女的共同期盼。……实现中华民族伟大复兴是一项光荣而艰巨的事业，需要一代又一代中国人共同为之努力。……我坚信，到中国共产党成立一百年时全面建成小康社会的目标一定能实现，到新中国成立一百年时建成富强民主文明和谐的社会主义现代化国家的目标一定能实现，中华民族伟大复兴的梦想一定能实现。”

我有幸全程陪同习总书记参观，为总书记一行讲解展览，并现场聆听习总书记关于“中国梦”的重要讲话，感受颇深，终生难忘。习总书记提出实现中华民族伟大复兴的“中国梦”，是时代的最强音，凝聚了全球中华儿女的心，成为激励中华儿女团结奋进，实现中华民族伟大复兴的一面精神旗帜。

《复兴之路》基本陈列回顾了1840年鸦片战争以来一百多年间，陷入半殖民地半封建社会深渊的中国各阶层人民，在屈辱和苦难中奋起抗争，为实现民族复兴进行的种种探索，特别是中国共产党领导各族人民争取民族独立、人民解放、国家富强、人民幸福的光辉历程。习总书记参观《复兴之路》并提出实现中华民族伟大复兴的“中国梦”命题后，中央国家机关、部队、企事业单位、社区街道、社会团体、学校等纷纷来到中国国家博物馆，沿着习总书记的足迹，参观《复兴之路》展览。《复兴之路》展览成为爱国主义教育的重要课堂。

2014年，习总书记在有关讲话和批示中指出，历史是最

好的教科书，博物馆要让文物活起来，让文物说话，把历史智慧告诉人们，激发民族自豪感，坚定全体人民振兴中华、实现中国梦的信心和决心。中国国家博物馆和广东新世纪出版社有限公司落实习总书记的指示，以《复兴之路》基本陈列为基础，经过三年多艰苦工作，编写和出版了这套《穿越百年中国梦》丛书。组织和参与编写这套丛书的同志，大多数参加了《复兴之路》内容设计和布展工作，有的还现场聆听了习总书记关于“中国梦”的重要讲话。他们对《复兴之路》基本陈列不但理解深刻，而且怀有深厚感情。

习总书记指出：中国梦归根到底是人民的梦。有梦想，有机会，有奋斗，一切美好的东西都能够创造出来。习总书记希望广大青少年要勇敢肩负起时代赋予的重任，志存高远，脚踏实地，努力在实现中华民族伟大复兴的中国梦的生动实践中放飞青春梦想。

我相信，在中国共产党即将迎来百年华诞这个重大历史时刻，这套丛书的重印出版，对广大青少年牢记习总书记“不忘初心”的嘱托，更好地开展党史学习教育，增强实现中华民族伟大复兴中国梦的责任感，一定会起到促进作用。

吕章申

前　言

中国现代史学会会长　郭德宏

中华民族是一个有着自己梦想，特别是美好社会理想的民族。

两千多年前，我们的古圣先贤就有“小康”和“大同”的社会理想。那时的“小康”理想，就是家家丰衣足食，人人遵守礼仪，互相谦让。那时的“大同”理想，就是天下人如同一家人，家家幸福，人人愉快，“路不拾遗，夜不闭户”。由于历代封建统治者都不代表广大的人民群众利益，古圣先贤的“小康”和“大同”社会理想都没有实现。

勤劳智慧的中国人民，创造了光辉灿烂的古代文明：强盛的汉代，繁荣的唐代，辽阔的元代，清初的盛世。那时，与世界上其他大多数国家和地区相比，中国富饶、强盛、文明、进步。用现代语言表述，那时的中国是“发达国家”，其他那些国家和地区则是“发展中国家”。然而，由于帝国主义入侵和封建主义统治腐败，中国落后了。从 1840 年鸦片战争中国战败到 19 世纪末，中国逐渐沦为半殖民地半封建社会，陷入将要亡国灭种的深渊。

从 1840 年鸦片战争开始，当时一些思想先进的中国人就寻求救国救民之道。林则徐、魏源开眼看世界，地主阶级的洋务运动，资产阶级维新派的戊戌变法，都试图在不根本触动封建统治的前提下富国强兵，但是都失败了。1894 年孙中山创立革命团体兴中会，首次提出“振兴中华”口号。1902年康有为完成《大同书》的写作，期望中国实现古圣先贤所憧憬的大同世界。1902年梁启超发表《新中国未来记》，1904年蔡元培发表《新年梦》，都憧憬中华复兴，雄立世界。近代以来，每一个中国人都满怀着复兴中国、振兴中华的梦想。但在半殖民地半封建社会的旧中国，中国人民的这一梦想不但没有实现，反而遭受着越来越严重的民族苦难。

1921年，伟大的中国共产党成立，超越古圣先贤“小康”和“大同”的社会理想，提出了夺取反帝反封建胜利、建立人民当家做主政权、最终实现人类最美好最理想的共产主义社会的奋斗目标。中国共产党肩负起民族独立、人民解放的历史重任，领导中国人民，经过浴血奋战，于1949年建立了人民当家做主的中华人民共和国。新中国成立，是中华民族由衰落走向强盛的历史转折点，开启了中华民族伟大复兴的新纪元。

中华人民共和国成立后，毛泽东、周恩来等老一辈革命家，领导全国各族人民为实现国家富强、人民共同富裕的新的历史任务而奋斗。在党的领导下，中国确立了社会主义基本制度，成功实现中国历史上最伟大最深刻的社会变革，为中华民族的伟大复兴奠定了制度基础。与此同时，中国共产党领导全国人民进行大规模经济建设和文化建设，取得了旧中国几百年几千年所没有取得的成就，为实现中华民族伟大复兴奠定了基本的物质基础。

1978年改革开放以来，以邓小平、江泽民、胡锦涛同志为主要代表的中国共产党人，全面推进社会主义现代化建设。神州大地，生机勃发。2010年，中国GDP（国内生产总值）上升至40万亿元人民币，成为仅次于美国的世界第二大经济体，并一直保持至今。伴随着各方面的迅猛发展，中国迅速走向繁荣，国际地位不断提高，国际影响日益扩大。中国步入世界强国之列，为实现中华民族伟大复兴创造了现实条件。

2012年11月29日，习近平总书记率领新一届中央政治局常委和中央书记处的同志参观中国国家博物馆《复兴之路》基本陈列。习总书记在这里向全世界宣示“中国梦”，重申“两个一百年奋斗目标”，既是中国共产党对全国人民的郑重承诺，是党和国家面向未来的政治宣言，也是中华民族伟大复兴的总动员。中国的伟大发展，又一次站在新的历史起点上；中华民族的伟大复兴，揭开了历史新篇章。

以习近平同志为核心的党中央，“不负重托，不辱使命”，在实现中华民族伟大复兴中国梦的推动下，国民经济继续稳步发展，中国的国际地位更加提高，国际影响力更加扩大。我们现在比历史上的任何时期都更加接近中华民族伟大复兴这个目标，我们现在比历史上任何时期都有信心、有能力实现这个目标。

中国梦连接着过去与现在、历史与未来，连接着国家与个人、中国与世界。拥有五千多年文明历史的中华民族，曾经创造了辉煌的古代文明，走在世界前列，为人类社会发展做出了巨大的贡献。今天，中华民族的伟大复兴，不仅造福中国人民，而且造福世界人民。已经步入世界发展中大国的中国，理应承担起大国责任，对人类社会的发展进步，做出更大的贡献。

《穿越百年中国梦》丛书回顾了1840年鸦片战争以来一百多年间，陷入半殖民地半封建社会深渊的中国各阶层人民，在屈辱和苦难中奋起抗争，为实现民族复兴进行的种种探索，特别是回顾了中国共产党领导全国各族人民争取民族独立、人民解放、国家富强、人民幸福的光辉历程。这套丛书深刻揭示了历史和人民为什么和怎样选择了马克思主义，选择了中国共产党，选择了社会主义道路，选择了改革开放；深刻揭示了历史和人民为什么必须始终坚持高举中国特色社会主义伟大旗帜不动摇，坚持中国特色社会主义道路不动摇；昭示出没有共产党就没有新中国，就没有中国特色社会主义，只有社会主义才能救中国，只有改革开放才能发展中国、发展社会主义、发展马克思主义。

我相信，这套丛书的出版，能够使广大青少年读者更加深入地了解中华民族近代以来反对外来侵略史、人民解放的抗争史，了解中国共产党领导全国各族人民为中华民族伟大复兴而奋斗的创业史和改革开放史，为实现国家富强、民族振兴、人民幸福的中华民族伟大复兴的中国梦，夺取新时代中国特色社会主义伟大胜利，提供令人振奋的精神动力。

郭德宏

人类社会进入21世纪，世界历史又翻开了新的篇章，中华民族也踏上新的征程，全面走进新时代。曾经创造了灿烂文明也历经过深重苦难的中华民族，正在中国共产党的带领下攻坚克难、团结奋斗。在“两个一百年”的

走进21世纪

宏伟目标下，中华儿女沿着党指引的方向，铭记历史、把握现在、开拓创新，不断推动着社会进步，在追求国家富强、民族振兴与人民幸福的道路上砥砺前行，正在为实现中华民族伟大复兴的中国梦而全力以赴、一往无前！

第一章

I 百年中国梦

1. “两个一百年”

2012年11月8日，深秋的北京，天安门广场阳光灿烂，红旗飘飘，花团锦簇，在蓝天的映衬下，显得姹紫嫣红，温暖而美好。广场上的巨幅电子屏滚动着视频，近年来一桩桩辉煌伟大的历史性事件重现在人们眼前。党的十六大以来，我国在各个领域取得了许多巨大成就。这些画面让人们无惧深秋的寒意，从内心涌发出一股热情和感动。

与广场一条马路之隔的人民大会堂雄伟庄严，静静矗立，此刻显得尤其稳重。代表们乘坐的大巴车陆续抵达广场。东门外，熟悉的人们握手寒暄，亲切交谈；记者们热情地围追堵截着采访目标，期待获得他们关于祖国、关于幸福的最真实声音。

此刻，大会堂内的万人大礼堂更是气氛热烈。主席台上方悬挂着会标，幕墙正中是镰刀和锤头组成的党徽，10 面鲜艳的红旗分列两侧。二层和三层的眺台上悬挂着巨型横幅，分别是："高举中国特色社会主义伟大旗帜，以邓小平理论、'三个代表'重要思想、科学发展观为指导，坚定不移沿着中国特色社会主义道路前进，为全面建成小康社会而奋斗！""伟大、光荣、正确的中国共产党万岁！"它们读来豪迈大气、荡气回肠。

这是中国共产党第十八次全国代表大会的现场，也是世界上最大的执政党五年一次的盛会，全世界的目光聚焦于此，全中国人民的期盼承载于此。中华人民共和国，这一通过改革开放 30 多年逐渐成长壮大起来的重要力量，将会对未来发展有怎样的宏伟部署？又会有怎样的改革和继承？世界人民拭目以待。

上午 9 时整，在庄严的国歌声中，大会隆重开幕。

中共中央总书记胡锦涛健步走上报告席，代表第十七届中央委员会向大会做了题为《坚定不移沿着中国特色社会主义道路前进，为全面建成小康社会而奋斗》的报告。

胡锦涛在报告的第二部分总结道："只要我们胸怀理想、坚定信念，不动摇、不懈怠、不折腾，顽强奋斗、艰苦奋斗、不懈奋斗，就一定能在中国共产党成立一百年时全面建成小康社会，就一定能在新中国成立一百年时建成富强民主文明和谐的社会主义现代化国家。"全场爆发出热烈的掌声。

这是党和国家主要领导人对"两个一百年"目标的重要阐释。当初，中国改革开放的总设计师邓小平提出了建设小康社会的目标和现代化建设"三步走"的发展战略。时间按照既定的节奏稳步向前，我们站在了新世纪的伟大时代中，中国共产党带领着全国人民奋勇前进，在顺利实现了"三步走"前两步目标后，进入了全面建设小康社会的新阶段。为不断适应新形势，站在新的历史发展阶段，党的十八大重申了"两个一百年"发展目标，为实现目标做出了新部署，并绘制出全面建成小康

2012 年 11 月 8 日，中国共产党第十八次全国代表大会在北京人民大会堂隆重开幕

社会、加快推进社会主义现代化的宏伟蓝图。

“两个一百年”奋斗目标，是党向全体人民做出的郑重承诺，也是实现中华民族伟大复兴的总动员。按照“全面建成小康社会”目标要求，2020 年，中国将实现国内生产总值和城乡居民人均收入比 2010 年翻一番。这个时间越来越近，全国亿万人民又一次携手并肩，站在新的历史起点上。

历史掌故

“三步走”发展战略

1987 年 10 月召开的中国共产党第十三次全国代表大会，规划了中国现代化发展的蓝图，提出了我国经济建设大体分三步走的发展战略：第一步，从 1981 年到 1990 年，实现国民生产总值比 1980 年翻一番，解决人民的温饱问题；第二步，从 1991 年到 20 世纪末，国民生产总值增长一倍，人民生活达到小康水平；第三步，到 21 世纪中叶，达到中等发达国家水平，人民生活比较富裕，基本实现现代化。由于在当时的历史条件下，“三步走”战略对其中的第三步只做了一个大致构想，党的十五大、十六大对“三步走”战略的第三步进一步细化，形成了“新三步走”发展战略。按照“新三步走”战略部署，第一步，到 2010 年，实现国民生产总值比 2000 年翻一番，人民的小康生活更加宽裕，形成比较完善的社会主义市场经济体制；第二步，到 2020 年，实现国内生产总值比 2000 年翻两番的目标；第三步，到 2050 年，基本实现现代化。

2. 不负重托，不辱使命

2012 年 11 月 15 日上午，人民大会堂一楼东大厅暖意融融，人头攒动。十八届中央政治局常委与中外记者见面会即将在此举行，这是新一届中共最高领导层的首次集体亮相。500 多名中外记者早早守候，翘首期盼着。

为抢占有利地形，记者们早早进入会场。最后一排的摄影摄像区，上百台摄像机、照相机叠起了梯田式的方阵。各路人马紧张地架设、调试着设备。摄像机摇臂在会场上空安静地悬置，将通过全景方式记录即将出现的历史性时刻。前排位置留给了先来的文字记者，他们正十指翻飞，向外界传送着现场的各种细节。白色聚光灯与屋顶上巨大的水晶灯相映生辉，整个大厅显得更加明亮和辉煌。

11 时 53 分，党的十八大新闻发言人蔡名照宣布："党的十八届一中全会刚刚结束，新当选的中央政治局常委将同中外记者见面。现在，让我们以热烈的掌声，欢迎各位常委！"

所有的镜头都对准了入口处，相机快门声响个不停，闪光灯此起彼伏，发出一片耀眼的光芒。中国共产党第十八届中央委员会第一次全体会议选举产生了由 25 人组

2012 年 11 月 15 日，党的十八届一中全会选出的中共中央政治局常委习近平、李克强、张德江、俞正声、刘云山、王岐山、张高丽同中外记者见面。图为辽宁省营口市营口港务集团有限公司工人与边检官兵观看记者见面会

成的中央政治局，习近平、李克强、张德江、俞正声、刘云山、王岐山、张高丽被选举成为中央政治局常务委员会委员，习近平为中央委员会总书记。此刻，他们依次步入大厅，微笑着向大家挥手致意。全场响起热烈的掌声。

在他们身后，悬挂着巨幅国画《幽燕金秋图》，气势雄壮的泼墨，描绘出了群山逶迤的壮阔场景，蕴涵着“天行健，君子以自强不息”的宏伟古意。它见证了党的十五大以来历届中央政治局新常委的首次集体亮相。

习近平走上发言台，面对现场等候多时的中外记者，先是亲切地问候："让大家久等了。"虽然经过长时间等待，但现场所有人无不感到春风拂面。习近平逐一介绍了新当选的其他6位中央政治局常委，常委们依次上前一步，向记者们致意。随后，习近平代表新一届中央领导集体发表"就职演说"。

在10多分钟的讲话中，"责任"二字贯穿始终：对民族的责任，对人民的责任，对党的责任。其中，"人民"二字使用了19次，成为使用频率最高的词汇。习近平代表新一届中央领导集体郑重承诺："我们一定不负重托、不辱使命！"

他强调："人民对美好生活的向往，就是我们的奋斗目标。"他以平实而坚定的话语向全世界宣示："责任重于泰山，事业任重道远。我们一定要始终与人民心心相印、与人民同甘共苦、与人民团结奋斗，夙夜在公，勤勉工作，努力向历史、向人民交出一份合格的答卷。"

整个见面会历时20分钟，这是不平凡的20分钟。它标志着中国共产党中央领导集体又一次实现新老交替。这个全世界最大的政党走过了91年的风雨历程，目前已拥有8 200多万名党员，它的发展和更新，将影响着中国乃至全世界的发展轨迹和命运。

3. 宣示中国梦

2012年11月29日上午10时，中国国家博物馆西门外，两辆中巴车缓缓驶入。中巴车停稳后，从车上依次走下来中共中央总书记习近平和中央政治局常委李克强、张德江、俞正声、刘云山、王岐山、张高丽。

当时，党的十八大闭幕刚过半月，习近平带领新一届中央政治局常委和中央书记处的同志前来参观中国国家博物馆展出的《复兴之路》基本陈列，不失为一次别开生面的集体亮相，同时也是一次庄严的政治宣示。

走进《复兴之路》陈列展厅，习近平和其他中央政治局常委一边仔细观看展览，一边认真听取讲解。展览回顾了自1840年鸦片战争以来，中国人民为实现民族复兴进行的种种探索。从甲午海战到戊戌变法，从孙中山领导辛亥革命推翻封建帝制，到毛泽东带领中国共产党和中国人民创建新中国。邓小平、江泽民、胡锦涛，一代又一代共产党人披荆斩棘，开辟和拓展着中国特色社会主义道路。常委们在不同时期的代表性文物和照片前驻足观看，鸦片战争时期的虎门大炮、《共产党宣言》第一个中文译本、俄文版中国共产党第一个纲领、李大钊狱中亲笔自述、中华人民共和国第一面五星红旗……

在展览的最后一部分，习近平停下脚步，对身边的人语重心长地说道："《复兴之路》这个展览，回顾了中华民族的昨天，展示了中华民族的今天，宣示了中华民族的明天。"接着，他阐述了自己对中国梦的理解："现在大家都在讨论中国梦。何为中国梦？我以为，实现中华民族的伟大复兴，就是中华民族近代最伟大的中国梦。"

他坚定地总结道："我坚信，中国共产党成立一百周年时，全面建成小康社会的目标一定能够实现；我坚

人物故事

李大钊狱中自述　李大钊是中国共产党主要创始人之一，他早年留学日本，回国后领导和推动了新文化运动和五四运动的发展。其后，他与陈独秀等人筹建了中国共产党，并负责中共北方区委的工作，领导北方地区的工人运动和革命斗争。1927 年 4 月 6 日，奉系军阀张作霖派出的军警突袭位于北京东交民巷的苏俄使馆军营，逮捕了李大钊等人。在狱中，李大钊三易其稿写下《狱中自述》。这是他以书面形式向敌人做出的回答。《复兴之路》基本陈列中展出的是最后一稿，全文 2 818 个字。在自述中，他为了保护党的组织、掩护一起被捕的同志，一直自称为国民党人，申明了反对帝国主义、改造中国的革命主张，历述了自己为挽救民族危亡而立志从事革命的抱负："钊自束发受书，即矢志努力于民族解放之事业，实践其所信，励行其所知，为功为罪，所不暇计。" 1927 年 4 月 28 日，李大钊与其他 20 位革命者被押解到西交民巷京师看守所秘密杀害。在绞刑架前，他大义凛然，英勇就义，年仅 38 岁。1957 年，李大钊的女儿将这份珍贵的文稿捐献给国家。

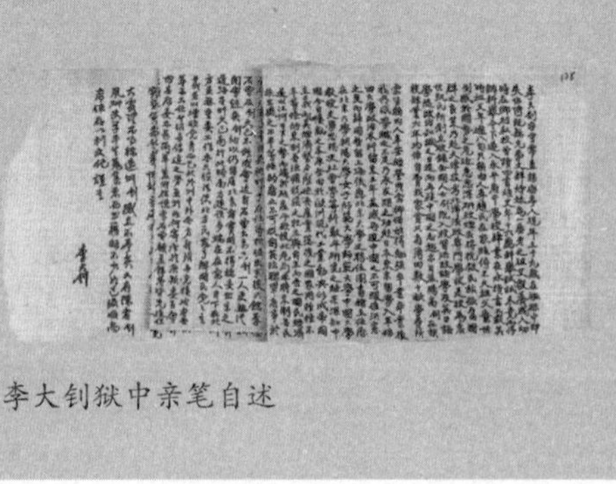

李大钊狱中亲笔自述

信，中华人民共和国成立一百周年之时，把我国建成富强、民主、文明、和谐的社会主义现代化国家的目标一定会实现；我更坚信，中华民族伟大复兴的梦想一定会实现。”

这一番讲话意义重大，中国共产党领导集体首次向全世界昭告了中华民族伟大复兴的中国梦。关于“中国梦”的报道在当晚的《新闻联播》播出后，立刻在社会上产生热烈反响。“中国梦”迅速成为报刊、电视新闻、网络媒体，以及QQ、微博、微信等社交平台的热门词汇，全世界的媒体都在争相报道和解读着“中国梦”3个字。

2013年3月，春回大地，一年一度的全国“两会”如期而至。整个会议期间，“中国梦”成为点击率最高的热点话题。人民群众热情关注，媒体争相报道和解读，代表委员们积极建言献策。因为每一个中国人都在期盼着伟大中国梦的实现，也在关注着中国共产党将如何带领我们实现中国梦。

3月17日，在十二届全国人大一次会议闭幕会上，

广大人民群众参观中国国家博物馆《复兴之路》基本陈列

当选为新一任国家主席的习近平进一步阐述了中国梦的深刻内涵：“实现中华民族伟大复兴的中国梦，就是要实现国家富强、民族振兴、人民幸福。”他同时指出：实现中国梦必须走中国道路；必须弘扬中国精神；必须凝聚中国力量。“中国梦归根到底是人民的梦，必须紧紧依靠人民来实现，必须不断为人民造福。”会场响起一次又一次雷鸣般的掌声。

中国梦，连接着过去与现在、历史与未来，连接着国家与个人、中国与世界。它提醒着中华儿女绝不要忘记昨天的苦难辉煌，要无愧今天的使命担当，更要不负明天的伟大梦想！

4. 打铁还需自身硬

从“两个一百年”奋斗目标，到实现中华民族伟大复兴的中国梦，中国共产党正带领着中国人民走向辉煌。“打铁还需自身硬”，作为执政党，党的自身建设必须抓好。党的十八大以来，以习近平同志为核心的党中央从严治党，把反腐败作为突破口，坚持“有腐必反、有贪必肃”，“老虎”“苍蝇”一起打，掀起了新一轮反腐风暴。

2015年1月4日，新年后的第一个工作日，19时45分，中纪委监察部网站发布消息：江苏省委常委、南京市委书记杨卫泽涉嫌严重违纪违法，目前正接受组织调查。

就在当天下午，杨卫泽还在主持召开南京市委常委民主生活会。开会过程中，他接到去省委开会的电话通知。于是他宣布休会，开始为省委的会议做准备。10分钟后，他从市委市政府大院前往一街之隔的江苏省委大院，随后便被中纪委的工作人员带往北京接受调查。

杨卫泽因此成为2015年首位被中纪委通报并接受调查的省部级领导干部。截至2015年6月，从首个落马的李春城算起，十八大后因腐败落马的省部级以上官员已达60名。其中最高级别的是政治局前常委周永康，这打破了“刑不上常委”的惯例，展示了新一届领导班子铁腕反腐的决心，兑现了上任伊始向人民做出的庄严承诺：不论什么人，不论其职务多高，只要触犯党纪国法，都必将受到严肃追究和严厉惩处。

不仅如此，为了切断后路，不让潜逃国外成为腐败分子的“避罪路线”，中纪委早在一年前便发起了“猎狐2014”海外追赃追逃专项行动，仅半年时间就从69个国家和地区抓获外逃犯罪人员680余名。

2014年12月22日下午，一架国航班机降落在北京首都机场。飞机停稳后，一个身穿黑色休闲服、头戴白色帽子的中年男子，在两名工作人员陪同下走下飞机。他就是涉嫌严重违纪违法、潜逃美国达两年半的辽宁省凤城市委原书记王国强。在离开舷梯、踩到地面的那一刻，王国强的脸上竟露出了笑容。他在忏悔书中写道："在美国的每一天都处于一种极度恐惧和无助当中。"所

2015 年 3 月 28 日，"天网"行动初战告捷，两名重大职务犯罪嫌疑人被押解回国

以，当他看到最高人民法院、最高人民检察院、公安部、外交部联合发布的《关于敦促在逃境外经济犯罪人员投案自首的通告》后，立刻决定回国投案自首。在机场办公室里，王国强向纪检监察机关主动递交了自首书。他说："我今天很真诚地呈上我的自首书，本人愿意接受组织审查，承担党纪国法的一切惩罚。"

2014 年 11 月，在中国政府的大力推动下，北京 APEC 会议通过了《北京反腐败宣言》，同时成立了 APEC 反腐执法合作网络，携手打击跨境腐败行为；12 月底，中纪委派出机构进驻中央一级党和国家机关，实现全覆盖；2015 年，全面启动"天网"行动，严打外逃腐败分子。

一项项举措，昭示着决心，震慑着犯罪分子，反腐败不断打破"禁区"与"惯例"，不仅要让官员"不敢腐"，还要做到"不能腐""不想腐"。

反腐败斗争是一场持久攻坚战。党中央惩治腐败无禁区、全覆盖、零容忍的原则，猛药去疴、重典治乱的决心，刮骨疗毒、壮士断腕的勇气，深深赢得了党心民心。

5. 群众路线聚力中国梦

党的十八大闭幕后不久，中央政治局出台了关于改进工作作风、密切联系群众的八项规定，并决定从 2013 年下半年开始，用一年左右时间，在全党自上而下分批开展党的群众路线教育实践活动。教育实践活动以“为民、务实、清廉”为主题，以“八项规定”为切入点，以反对形式主义、官僚主义、享乐主义和奢靡之风“四风”为主要内容，以“照镜子、正衣冠、洗洗澡、治治病”为总要求。

在群众路线教育实践活动中，习近平要求中央政治局带头，为全党开展教育实践活动做出示范。他还特别强调说，抓作风建设，首先要从中央政治局做起，要求别人做到的自己先要做到，要求别人不做的自己坚决不做，以良好党风带动政风民风，凝聚起实现“两个一百年”目标和中国梦的强大力量。

2013 年 12 月 28 日 13 点 20 分，新浪微博上一个名叫“四海微传播”的博主发布了一条“我没看错吧?！

历史掌故

习近平的知青岁月

1969 年冬，16 岁的习近平响应知识青年“上山下乡”号召，来到陕北延川县梁家河村，开始了长达 7 年的插队生活。习近平被分在村里的基建队劳动，主要任务是打坝淤地。从山上铲土、填沟、修坝，全部都靠人力。农历二三月，陕北冰雪初融。他不顾寒冷，总是卷起裤管、光着脚，站在冰水中打坝，手上磨得都是泡，但从不叫苦。此外，他还要喂牲口、放羊、铡草，什么活儿都干。繁重的劳动之余，他仍不忘读书。慢慢地，习近平适应了住窑洞、睡土炕、与村民同吃同住的生活，乡亲们也把他看作他们中的一分子。因聪明好学，踏实肯干，又能带领社员搞好生产，1974 年，习近平加入了中国共产党，不久，又被选为梁家河大队党支部书记。他带领社员们建起了沼气

习大大来庆丰吃包子啦！”的消息并附了两张习近平总书记用餐的照片。1 分钟后，博主又发了一条：“习大大排队买包子，还自己买单、端盘子、取包子。以后庆丰可以出习总套餐啦。”这两条微博迅速引起围观、转发，各大网站和新闻媒体跟进采访，不断充实细节。

原来，这天上午，习近平先后到北京京桥热电有限

历史掌故

池，解决了农民的做饭、照明和施肥问题。7年的时间，习近平从一个城里孩子成长为农活样样精通、扛200斤麦子走10里山路都不用换肩、深受村民信赖的村党支部书记。那段岁月磨炼了他的意志，让他知道了什么是群众、如何尊重群众，知道了什么是实事求是、如何尊重事实，也坚定了他的人生目标——只为人民做实事！

习近平同志在延川县梁家河村插队时住过的窑洞

公司和四季青敬老院调研。调研结束后已到午餐时间，就顺便到位于北京市月坛北街的庆丰包子铺吃午饭。

中午12点，正是用餐高峰时间。店里客人不少，两个点餐台前都排着十来个人，店长贺媛丽正忙着招呼客人。

门开了，走进来几个人，走在前面的一位身材高大、穿着深蓝色大衣的男子看着特别面熟。就在贺媛丽愣神儿的工夫，已经有眼尖的顾客认出来，“这不是总书记嘛！”习近平微笑着和大家打招呼，径直走向点餐台，排在了队尾。贺媛丽赶忙走上前说：“您是不是别排队了？”总书记摆了摆手说：“还是和大家一样排队吧。”

就在习近平排队等候点餐的空隙，有顾客挤到他身边，和他握手、合影。不一会儿，习近平排到点餐台前。“您吃点什么？”面对平常只能从电视上看到的总书记，收银员有点儿紧张，又有几分兴奋地问。习近平犹豫了一下，转向旁边等着取餐的顾客问：“哪个馅的比较好吃？”“大葱馅的不错。”这名顾客推荐。“那就来二两。”习近平说，接着又点了一碗炒肝、一份芥菜，共21元。习近平从衣兜里掏出25元钱递给收银员，然后接过找零和小票，站在一旁等候取餐。

这时，店里的服务人员建议他先找座位坐，等餐齐了会送过去。习近平却说：“不用了，我自己端。”直到餐齐了，他才端着餐盘来到就餐区坐下，一边吃饭，一边跟旁边就餐的顾客聊起天来。

看见店长贺媛丽站在身边，习近平问道：“店里的食品原料都从哪儿来？安全有保证吗？”“总书记您放心，我们的原料从地头到餐桌，全程都是安全的。”贺媛丽答道，并翻出手机里原材料加工厂的照片给习近平看。习近平看后满意地点点头说：“食品安全是最重要的，老百姓吃得放心，这是我最关心的。听你说了，我就放心了。”

不到20分钟，习近平用餐完毕。他吃得非常干净，盘里、碗里连一个菜叶都没剩。他站起身和旁边就餐的顾客道别。走出店外，还不忘回头和送出门外的贺媛丽说：“辛苦了。”然后乘车离去。

从以身作则制止“舌尖上的浪费”、开展会员卡专项清退活动等具体问题治理，到出台一系列规范性制度，从“八项规定”到整治“四风”，执政党作风的转变，人民群众看在眼里，记在心里。

还是那句话：中国梦归根到底是人民的梦，必须紧紧依靠人民来实现！党风政风的改进带动了社风民风的转变，凝聚起实现“两个一百年”目标和中国梦的强大力量。教育实践活动没有期限，贯彻群众路线也没有休止符，党的作风建设永远在路上。

第二章

II 国家富强梦

扫码体验

VR融媒“四史”云课堂
“四史”学习就在我身边

1. 改革不停顿、开放不止步

随着中国的改革事业进入攻坚区和深水区，为全面深化改革开放，实现改革开放预定目标，中央必须在充分尊重基层原创精神的同时，认真做好顶层设计。而“没有调查就没有发言权”，为把握真实情况，体察民情国情，十八大后，中央政治局 7 位常委展开了密集细致的考察与调研，他们的足迹遍布全国三分之二以上的省、市、自治区，去的都是第一线，听到、看到的都是第一手信息。习近平的首次考察调研，选择了始终位于改革开放前沿阵地的广东省，第一站便是深圳。

2012年12月初，习近平先后来到深圳、珠海、佛山、广州，深入农村、企业、社区、部队和科研院所调研。在调研的过程中，习近平不断强调，全党全国各族人民要坚定不移走改革开放的强国之路，要注重改革的系统性、整体性、协同性，做到改革不停顿、开放不止步。

他对陪同的广东省委领导说："这次调研，是我在党的十八大之后，第一次到地方调研。之所以到广东来，就是要到在我国改革开放中得风气之先的地方，现场回顾我国改革开放的历史进程，宣示将改革开放继续推向前进的坚定决心。"

12月8日，适逢周末，深圳莲花山公园正在举办杜鹃展，游客如织。上午10点，习近平来到莲花山公园山顶广场，向伫立在山顶的邓小平铜像敬献花篮。邓小平铜像正向南方，高6米，呈大步前行的姿势，身后是一排高大的常青龙柏。

习近平缓步走上台阶，仔细整理花篮两边的绸带，然后向邓小平铜像鞠躬。仪式结束后，习近平在山顶俯

2012 年 12 月 11 日，习近平在广东深圳莲花山向邓小平铜像敬献花篮后与现场群众交谈，强调坚定不移推进改革开放。图为市民向邓小平铜像鞠躬、献花

瞰深圳市容，他感慨地说：“我们来瞻仰邓小平铜像，就是要表明我们将坚定不移推进改革开放，奋力推进改革开放和现代化建设取得新进展、实现新突破、迈上新台阶。”

随后，他走向人群，市民纷纷前来和总书记握手。随后，习近平还在邓小平铜像后的小树林中种下了一棵高山榕树。

12 月 31 日，习近平主持中央政治局集体学习时，进一步强调："改革开放是一项长期的、艰巨的、繁重的事业，必须一代又一代人接力干下去。必须坚持社会主义市场经济的改革方向，坚持对外开放的基本国策……改革开放只有进行时，没有完成时。"

2013 年 11 月，党的十八届三中全会在北京京西宾馆举行。35 年前，党的十一届三中全会在这里召开，开启了中国改革开放的征程。此后，历届党的三中全会都聚焦改革，这一次也不例外，京西宾馆将再次见证全面改革方案的出炉。

11 月 12 日下午，十八届三中全会举行闭幕会，出席全会的中央委员举手表决通过了《中共中央关于全面深化改革若干重大问题的决定》，习近平宣布《决定》通过时，全场响起了热烈掌声。

党的十八届三中全会进一步明确了全面深化改革的总目标，做出了全面深化改革的战略部署，拉开了中国新一轮改革大潮的序幕。

历史掌故

京西宾馆

京西宾馆始建于1959年，因其地理位置得名，看起来并不起眼。但从20世纪60年代起，这里就是党中央最高会议的召开地之一。“文革”初期，这里是各大军区和省区市高级干部的居住地。1967年1月，中央军委在京西宾馆召开扩大的碰头会。叶剑英、徐向前和聂荣臻等老帅为保证军队稳定、保护军队高级干部，与中央“文革”小组展开了激烈争论。1978年，党的十一届三中全会在这里举行，京西宾馆见证了这一中华人民共和国成立以来党的历史上具有深远意义的伟大转折。直到今天，当时开会的三层第一会议室，从椅子到茶杯，依旧保留着当时的模样。此后，党的十三届四中全会，十六届六中、七中全会，十八届三中、四中全会，均在这里举行。

2. 建设法治中国

2014年10月，党的十八届四中全会召开。这是党的历史上首次以全会的形式专题研究部署依法治国。全会提出了“全面推进依法治国，建设中国特色社会主义法治体系，建设社会主义法治国家”的总目标。而坚持依法治国，首先要坚持依宪治国。为此，全会决定将每年的12月4日确定为国家宪法日，建立宪法宣誓制度，凡经人大及其常委会选举或者决定任命的国家工作人员正式就职时，必须公开向宪法宣誓。

宪法是国家的根本大法，具有最高的法律地位、法律权威和法律效力。要树立法治权威，必须首先树立宪法的权威。1982年12月4日，第五届全国人大五次会议通过了现行的《中华人民共和国宪法》。2014年12月4日是首个“国家宪法日”，宪法日的主题是：弘扬宪法精神，建设法治中国。

同日上午9点，最高人民检察院在多功能厅举行检察官向宪法宣誓仪式。180多名2010年7月以来新任检察官职务和晋升检察官等级人员，在最高人民检察院检察长曹建明带领下，身着统一的检察制服，面向国旗和宪法，举起右手，庄严宣誓：“我是中华人民共和国检察官，我宣誓，忠于国家，忠于人民，忠于宪法和法律，忠实履行法律监督职责，恪守检察职业道德，维护公平正义，维护法制统一。”

与此同时，最高人民法院也举办了“让法治成为信仰”的主题宣传暨公众开放活动，邀请社会各界代表见证全国四级法院的法官向宪法宣誓，同时特邀了 9 名公众代表讲述自己的法治故事。曾经蒙冤入狱 10 年的安徽省歙县徽城镇七川村村民张高平、张辉叔侄也现场讲述了他们的故事。

2004 年，张高平、张辉叔侄二人因涉嫌一起刑事案件，分别被判处有期徒刑 15 年和死缓。2013 年 3 月，经浙江省高级人民法院再审，撤销原判无罪释放。这两位朴实的农民，第一次站在最高人民法院的讲台，向台下的专家和学者讲述他们的故事。两人紧张得有些手足无措。张辉说：“当我接到邀请来最高人民法院的时候，当晚激动得睡不着。我以前在监狱里做梦都想来北京申诉、喊冤。但出来以后，我就不想再来了。”张高平接过话筒说：“我做梦也没想到法院的领导会邀请我们到北京参观法院，法官帮我们平反了，我真的很感激。其实，我怕来法院，也怕来参观，但是我今天来法院参观了，

2014 年 12 月 4 日是我国首个国家宪法日。图为最高人民法院举行国家宪法日主题宣传暨公众开放日活动

我不怕，因为法院是一个讲法律的地方，没干坏事，为什么怕来法院？"

"没干坏事，就不怕来法院！"正是这个信念支撑着他们走过 10 年的申诉之路。他们坚信法律会还他们一个清白。列宁说："宪法，就是一张写着人民权利的纸。"在社会主义法治国家，法治本身就应该成为全民的坚定信仰。

3. 封存109枚公章

全面深化经济体制改革，核心问题是处理好政府和市场的关系，让政府的归政府，市场的归市场，这样才能使市场在资源配置中起决定性作用。如果行政审批过多过滥，不仅制约市场活力，而且容易滋生腐败。因此，简政放权是党的十八大后新一届政府开门第一件大事。简政放权，就是要削权，是政府的自我革命，这既是发展的需要，也是人民的愿望。

2013年3月17日，刚刚就任国务院总理的李克强，在人民大会堂金色大厅与中外记者见面时郑重承诺:“要用壮士断腕的决心，把错装在政府身上的手，换成市场的手。”具体说来，就是要将国务院各部门现有的1 700多项行政审批事项，至少削减三分之一以上。

随后，国务院成立了行政审批制度改革工作领导小组办公室。2014年3月，各部门行政审批事项汇总清单向公众发布，其中包括60多个国务院部门正在实施的

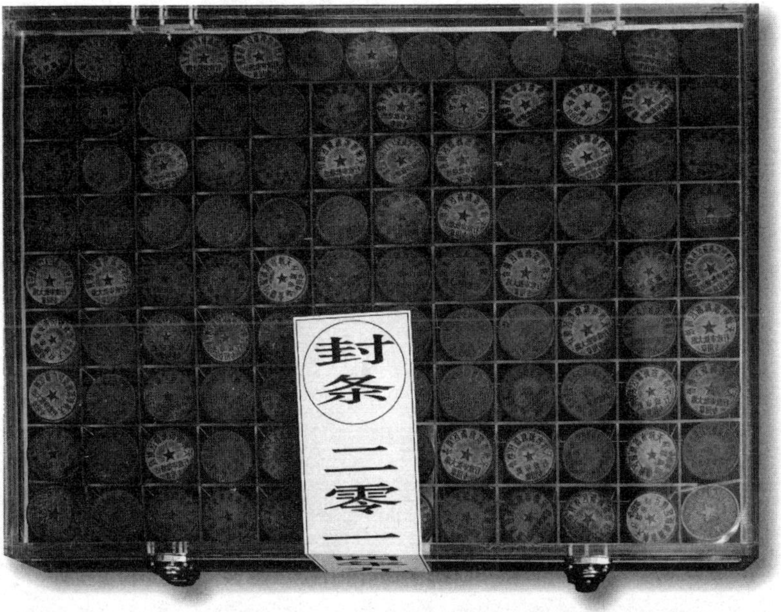

2014 年 9 月 11 日，天津滨海新区行政审批局封存的 109 枚审批公章

1 235 项行政审批事项。国务院同时要求，除已公开事项外，各部门不得擅自新设行政审批事项。

2014 年 5 月 20 日，作为改革“试验田”，天津滨海新区成立了全国首个行政审批局，将分散在 18 个不同单位的 216 项审批职责归并到一个部门，由 1 枚“天津市滨海新区行政审批局审批专用章”取代了 109 枚公章，大大提高了审批效率。

9 月 11 日，国务院总理李克强考察天津滨海新区行政审批局。他走到整齐码放着 109 枚作废公章的玻璃箱前，随手拿起一枚上下打量。这些公章大部分是木质或塑料的，最大的有拳头般大小。有些印章因为长时间使用，红色油墨已经渗透到木头的纹理中。

在总理的见证下，局长张铁军给玻璃箱贴上白色封条，将 109 枚公章永久封存。李克强叮嘱道："这些公章今天被贴上了封条，就绝不能再打开，再也不能变相给老百姓'设门槛'。"张铁军斩钉截铁地回答："向总理保证！"

该消息经媒体报道后，局办公室主任匡令凡突然接到中国国家博物馆工作人员打来的电话。原来，博物馆方面在看到新闻报道后，希望收藏整箱作废的公章。放下电话，匡令凡想起总理的叮嘱，他确信中国国家博物馆是这批公章的最佳归宿。

11 月 15 日，在 109 枚封存公章交接仪式上，滨海新区副区长张锐钢从中国国家博物馆党委书记黄振春手中接过收藏证书。这 109 枚被封存的审批公章将被中国国家博物馆永久收藏，成为新一届中国政府简政放权的最生动证明。

4. 让农民共享红利

作为农民最重视的生产资料，土地时常在改革中扮演着重要的角色。20 世纪 80 年代初期推行的农村家庭联产承包责任制，将土地承包给农户经营，有效促进了劳动生产率的提高以及农村经济的全面发展，提高了广大农民的生活水平。随着工业化、城镇化和农业现代化的发展，大量农村劳动力离开了土地。这就为引导农村土地经营权有序流转，发展农业适度规模经营提供了可能。而在新形势下，如何激活土地资产，给农民、农村及相关产业带来更大收益，成为新一届政府必须面对的问题。

为此，党的十八届三中全会提出：建立城乡统一的建设用地市场，赋予农民对土地承包经营权抵押、担保等财产权利。同时，以此为指导思想，在全国各省大力推广土地流转试点。

2013 年 11 月 12 日，作为首批试点省份，安徽省宣布将进行土地流转试点改革。在此之前，安徽省已经在尝试另一种土地流转新方式——土地信托。

所谓“土地流转信托”，是农村集体组织或农户个人，将合法拥有或具有处置权限的农村土地使用权作为信托财产，委托给信托公司进行经营管理，定期获得收益。2013 年 10 月，安徽省宿州市埇桥区政府与中信信托有限责任公司合作推出全国首个土地流转信托项目，首期流转面积 5 400 亩，项目期限 12 年。流转后土地拟建设现代农业循环经济产业示范园，由安徽帝元现代农业投资有限公司承建并提供服务。

这些宏伟的政策正在影响着一个个普通人，60 多岁的陈新美便是其中之一。作为安徽省宿州市埇桥区朱仙庄镇塔桥村村民，陈新美一直以种田为生。他一个人耕种着 20 多亩土地，外出打工的孩子们无法帮助他。随着年龄越来越大，他开始担心自己的身体已无力支撑高强度的农活，但如果他停下来，这些土地将会无人打理，逐渐荒芜。做了一辈子农民，陈新美很难接受一块肥沃的土地被荒废掉。

2013 年 10 月，陈新美所在的埇桥区与中信信托签定了全国首个土地信托协议。此事在陈新美和村民们心里激起了波澜：信托到底是什么？把地交给他们真的能带来更好的未来吗？没有亲眼见证现代农业的魅力，谁

事实真相

“看得见的手”与“看不见的手” 经济活动的要义，在于有效地配置资源。而能够对资源进行配置的力量不外乎两种：市场和政府。市场的力量，主要通过供求、价格、竞争等机制功能发挥作用，人们通常称之为“看不见的手”；政府的力量，则主要通过制定法规等行政手段，将资源配置到相应领域，人们通常称之为“看得见的手”。市场决定资源配置是市场经济的一般规律，但市场配置资源不可能尽善尽美，当一定时期资源配置出现问题，地区结构、产业结构、市场结构、企业结构存在失衡时，国家可通过财政政策，把掌握或控制的资源转移分配到急需发展的领域，使经济结构符合生产力发展的要求。在市场作用和政府作用的问题上，要讲辩证法、两点论，“看不见的手”和“看得见的手”都要用好，努力形成市场作用和政府作用有机统一、相互补充、相互协调、相互促进的格局，才能确保经济社会持续健康发展。

安徽省凤阳县小岗村通过土地流转后建设起来的集观光、种植于一体的生态农业园

会轻易交出大半生耕耘和陪伴的土地？

不久，他们收到邀请，去参观现代农业公司的蔬菜大棚。寒冬天气，呵气成冰，棚内却是一片五彩缤纷的繁荣景象。各种各样的蔬果挂满枝头，生机盎然。眼前的景象让陈新美有些疑惑。他拿起一根架上的黄瓜，仔细端详。“这个黄瓜跟外边土栽的能一样吗？长这么漂亮。”“一样的，一样的！”工作人员将黄瓜一掰两半儿，一半儿递给陈新美，“你尝尝，比外边的口感还要好。”陈新美接过黄瓜咬了一口说：“可以，水分很多，还脆。”

在蔬菜大棚里转了一圈，陈新美和村民们悬着的心终于放了下来。

现代化的管理、高效的产能，以及政策和合同对农民利益的有力保障，最终让陈新美相信了土地信托。他将自家的15亩地全部信托。除了每年每亩1 000斤小麦的基本地租，他还可以按土地的收益进行分红。外出打工的乡亲陈道民也将自家的3亩地加入进来，既不耽误在外打工挣钱，同时也能获得土地流转收益。

坚持土地公有制性质不改变、18亿亩耕地红线不突破、农民利益不受损是中央土地政策的3条底线。在此前提下，全国农村土地流转在先行试点的基础上有序推进。开拓创新的土地政策，证明了中央让农民共享改革红利的决心，具体到各省各地，则必须因地制宜，并能经得起历史的检验。

2017年党的十九大报告更是明确指出："保持土地承包关系稳定并长久不变，第二轮土地承包到期后再延长30年。"这样的惠农政策，让村民吃下了"定心丸"。他们可以在自己承包的土地上继续安心耕种，农业企业进行规模化经营也更加放心。

5. 从“中国制造”到“中国创造”

21 世纪初，中国顺利迈入“世界工厂”的行列，超过 220 种工业品产量以及制造业净出口均居世界第一。“MADE IN CHINA”的标志遍及世界各地，“中国制造”已成为全球人民生活中无法避开的话题。

然而，在这样繁荣的表象下，却潜伏着自主专利技术弱势、核心竞争力缺失等工业隐患。简单地说，“中国制造”数量大，利润薄，大而不强。

为应对全球新一轮科技革命和产业变革，2015 年 3 月，国务院审议通过了“中国制造 2025”规划，确立了加快从制造大国向制造强国转变，在新中国成立 100 周年时实现成为制造强国的目标。

2008 年，国际金融危机袭来并逐步席卷全球。全球金融局势刚刚趋稳，美国便提出了“制造业回归”，德国则启动了“工业 4.0”。发达国家纷纷实施再工业化和制造业回归战略，以此抢占和巩固高端市场，并不断扩大竞争优势。

在群雄环伺的国际局势下，要实现“强国之梦”，作为后发现代化工业国家的中国，必须改变大而不强的现状。而只有提高自主创新能力，掌握更多自主知识产权，从“中国制造”转变为“中国创造”，才能有效提升自主品牌，在国际市场立于不败之地。

装备制造是“中国制造”的基础和核心竞争力所在，而高端装备制造更能体现国家的整体实力。目前，我国装备制造业生产规模已稳居世界第一，但核心技术对外依存度高，高端芯片、大型铸件、高档数控机床都依赖进口。因此，振兴装备制造业将成为“中国制造”由大变强的重要突破口。

2013 年 4 月，德国慕尼黑国际会展中心，“宝马展”盛大举行，作为全球工程机械最大规模展示和采购平台，该展览集中了当今世界上细节最精湛、技术最高端的机械制造产品。

就在展厅中，包括 101 米碳纤维臂架泵车等在内的

数十台工程机械产品吸引着众多客商的目光。这款101米碳纤维臂架泵车成功刷新了纪录，成为目前全球最长泵车。而它们的生产厂商，是来自中国的湖南长沙中联重科股份有限公司。多次参观“宝马展”的客商代表，很难将如此高端先进的制造产品与中国的传统形象联系起来。

1995年，中国首次参加“宝马展”，参展产品是一台装载机。中国技术人员兴致勃勃地到德国展位取经，询问是否可以拍照。德国方面的回答是：“你们可以用摄像机全程录下，反正你们永远也学不会。”

中国的工程师们受到极大刺激。10多年过去了，中国制造业虚心探索、埋头苦干，世界最长泵车、世界最大起重机、世界最大压路机……一项项纪录被中国人创造出来。掌握了数百项泵车领域技术专利后，来自中联重科的研发团队又不懈努力，成功研制出80米、101米等一系列规格的碳纤维臂架泵车。

继“宝马展”上露面之后，2014年7月28日下

中联重科展示臂长101.18米的创世界纪录的“X6泵车”

事实真相

制造业回归 在人类历史上，只出现过两个绝对意义上的“世界工厂”，即 18 世纪末期至 19 世纪晚期的英国与后来取而代之的美国。二战后的德国、日本与当前的中国，可以算作一定程度上的世界工厂。中国成为“世界工厂”，得益于中国人民的勤奋、智慧与中国实行的改革开放，以及美国等发达经济体逐渐向具有高附加值的价值链两端延伸，而将处于中间环节、附加值较低的制造业向中国等新兴经济体转移。2010 年，美国保持多年世界第一的制造业大国地位被中国取代。全球金融危机发生后，美国等发达国家开始意识到制造业在国民经济中的重要基础地位，因此提出了“制造业回归”的经济策略。对此，中国政府已超前谋划，通过制订“中国制造 2025”，从研发创新和市场布局入手，从供给和需求两方面提升竞争力，做好了应对准备。

午，这款最长臂架泵车迎来了施工首秀。在“华中第一高楼”武汉中心大厦工地现场，一支钢铁巨臂直插云霄，混凝土被源源不断地输送到主体建筑第 4 层顶部。根据设计方案，该主建筑周围全是地下停车场，地面空心，无法近距离架设重型施工机械，只能在几十米外远距离泵送，超长臂架泵车派上了用场。这款泵车集合了碳纤维臂架结构七节臂技术、臂架减振及运动协调控制技术等领域内最尖端技术，101 米的臂架也打破了行业纪录。

据世界知识产权组织发布的数据显示：2015 年全球在世界知识产权组织《专利合作条约》框架下提交的专利申请为 21.8 万件，其中中国专利申请 2.98 万件，居世界第三位。“中国制造”正在大步迈向“中国创造”。

6. 高铁“出海”

高铁技术被称为“大国技术”，其研发和应用都需要强大的国力支撑。因此，法国、日本和德国等发达国家历来处于高铁领域领先地位。20 世纪 80 年代，邓小平乘坐日本新干线，感受到了高铁的运输能力，中国随即开始投入高铁技术的研发。但直到 2008 年 8 月 1 日，我国第一条真正意义的高速铁路才以 350 千米 / 小时的设计时速奔跑起来，这条京津城际高速铁路，承载了几代

一列动车组高速列车行驶在沪宁铁路线南京市区段

中国人为之奋斗的高铁梦。

经过多年建设和对既有铁路的高速化改造，我国高铁运营总里程已超过 16 000 千米。由于中国广阔多变的地域条件，高铁线路时常跨越各种地形、地貌和气候特

征，一条高铁线路几乎就是一座地理博物馆。中国高铁家族中，包括了穿越高寒地区的哈大高铁，穿越热带地区的海南高铁，穿越干旱沙漠地区的兰新高铁，以及穿越崇山峻岭的郑西高铁。而通过高铁专家学者们的多年研究，高铁列车最核心部件——牵引电传动系统和网络

控制系统已经实现百分百的“中国创造”。高铁核心技术正实现由“国产化”向“自主化”的转变，成为从“中国制造”向“中国创造”跨越的重要组成部分。

从 2013 年开始，新一届政府把高铁作为中国制造业出口的突破点，高铁“走出去”上升为国家战略，并确定了中亚高铁、欧亚高铁和泛亚高铁的三条高铁“走出去”规划。国家领导人主动当起推销员，使中国高铁成为一张闪亮的“中国名片”。

在国际外交舞台上，国家领导人借出访之机推销本国产品早已屡见不鲜。美国总统推销波音飞机、俄罗斯总统推销先进战机、法国总理推销空客飞机和法式腊肠、德国总理推销精密机床，而新一任中国总理李克强先生则推销中国高铁。

2013 年 11 月，李克强出席中国—中东欧国家领导人会晤并访问罗马尼亚。11 月 26 日，李克强邀请中东欧 16 国领导人参观中国铁路等基础设施及装备制造展。在罗马尼亚议会宫，各国领导人被展厅中央摆放的一列长达 21 米的中国“和谐”号高速动车组模型吸引，纷纷围拢过来向工作人员询问它的速度、动力等技术性能。李克强不失时机地推荐道："中国高铁技术装备成熟，施工经验丰富，竞争优势明显，完全能够适应各国情况，满足市场需求。"这时的总理俨然一位超级推销员。而这样的场面，在李克强访问泰国、澳大利亚、埃塞俄比亚、英国以及会见美国议员代表团等多个场合反复出现。

历史掌故

中国高铁

一般来说，设计开行时速达 250 千米以上（含预留），且初期运营时速达 200 千米以上的铁路客运专线，均可称之为高铁。2008 年 8 月 1 日开通运营的京津城际高速铁路，是我国第一条真正意义上的高铁，其设计时速为 350 千米。2004 年以来，通过引进、消化、吸收、再创新，中国高铁攻克了高速转向架等九大核心技术，成功研制出并运营了时速达 350 千米和 250 千米两种速度等级的高速动车组。高铁列车最核心的部件——牵引电传动系统和网络控制系统已实现百分百的"中国创造"。截至 2015 年年底，我国高铁营业里程达 2.5 万千米，居世界首位。

2014年7月25日，安伊高铁二期工程全线通车，它连接着土耳其首都安卡拉和土耳其最大城市伊斯坦布尔。作为中国高铁“出海”的第一个合作项目，该工程全长533千米，中国企业承建了158千米区段，设计时速250千米。当天，土耳其总理埃尔多安在中国驻土耳其大使陪同下，从安卡拉车站登上该线路首趟高铁列车。列车抵达伊斯坦布尔后，埃尔多安出席了通车典礼，并为通车剪彩。

然而，中国高铁这条“蛟龙”的“出海之路”并非一帆风顺。2014年年底，预期的中国高铁海外首单——墨西哥高铁项目成功中标3天后，墨西哥政府突然取消了中标结果，此后又宣布无限期搁置此项目。2016年6月，美国西部快线公司单方面中止与我国在高铁项目上的合作。与之类似的高铁项目停摆事件，让中国人民越发清醒地认识到：要让别人认可我们，还需要付出更大努力。只有加大技术研发力量，提升制造业核心创造能力，突破技术标准壁垒，才能夯实走出去的底气，使“蛟龙出海”的步伐走得更加坚实。

自2016年印度尼西亚雅万高铁正式开工以来，中国高铁“出海”已渐趋成熟，版图已扩展到数十个国家，辐射非洲、亚洲、欧洲、美洲、大洋洲等区域，能够与日本等老牌铁路强国进行竞争，工程合作上企业也探索出了更加本土化的模式。

这些项目的顺利推进，昭示着中国高铁“出海”的喜人态势。中国高铁的“走出去”，不仅使中国高铁开始作为“中国速度”“中国制造”的一张名片加速走向世界，而且也为推动“一带一路”建设和国际产能合作释放出强大动能。

7. 自由贸易“试验田”

1978年12月，党的十一届三中全会做出决议，中国开始对内改革、对外开放。通过多年来不断的改革开放，中国已形成全方位对外开放的崭新格局。今日，面对国内外巨变的经济和政治形势，我国的改革开放事业已进入攻坚期和深水区。而设立自由贸易试验区，正是实施积极主动对外开放战略，实行新一轮改革开放的起点。

2013年8月，国务院正式批准设立中国（上海）自由贸易试验区。在这块中国经济重地上开展对外自由贸易的试验。无论是地域区位、开放型经济基础还是监管制度和管理经验，上海都具有较强的优势。本次改革旨

货运车辆进出上海自贸区内的洋山港港区

在通过对外开放促进国内经济体制改革，形成在全国可复制、可推广的体制机制。自贸区总面积 28.78 平方千米，涵盖上海市外高桥保税区、外高桥保税物流园区、洋山保税港区和上海浦东机场综合保税区 4 个海关特殊监管区域。

上海市政府高度重视此次试点，各项筹备工作在挂牌前紧锣密鼓地进行。自贸区的路标、指示牌开始在上

海浦东一些交通要道亮相：南浦大桥浦三路路口，“中国（上海）自由贸易试验区”的路标非常引人注目；杨高北路，“中国（上海）自由贸易试验区”中英文的环形标牌横跨整条道路；基隆路路口，“外高桥保税区2号门”的原址上，已经矗立起“中国（上海）自由贸易试验区”的碑牌。

2013年9月29日清晨8点，位于浦东新区基隆路的上海自贸区管委会大楼已经人头攒动。大楼门前旧日的“上海综合保税区管理委员会”牌匾已被取下，新牌

事实真相

负面清单管理 负面清单管理模式，是指一个国家在引进外资时，把对外资企业实行的一些不同于国民待遇、最惠国待遇的管理措施，比如不开放的行业和受限制的商业活动等，以清单形式公开列明，明确告知外资企业哪些领域和行业限制或禁止外商活动。而未列入名单的则实行“法无禁止皆可为”原则。负面清单管理可以简化外资进入的审批管理，使外资准入更透明，对增强外资信心，鼓励、吸引外商投资都有积极作用。

匾却还“神秘”的躲在红色绸缎里。

上午10时，挂牌仪式开始。在国务院商务部部长、上海市市长致辞后，时任上海市委书记的韩正为自贸区揭牌。在挂牌仪式上，自贸区管委会向首批入驻的36家企业颁发了证照。整个挂牌仪式仅仅持续18分钟，简洁但不失大气。

根据总体方案，自贸区内实施“准入前国民待遇＋负面清单”的投资管理机制试点。其中，负面清单被认为是此次自贸区管理体制改革的关键点，其内容包括中国在自贸区内暂时无法开放的领域。

2014年9月，李克强总理来到上海自贸区调研。在自贸区综合服务大厅，管委会负责人用3张桌子的桌面向总理展示了负面清单管理的探索：绿色桌面堆满改革前限制措施的186份文件，蓝色桌面摆着被调整的151份文件，橙色桌面上是目前留存的35份文件。桌子旁边挂着一个牌子，上面写着3句话：“法无授权不可为，法无禁止皆可为，法定职责必须为。”李克强指着空出大半的橙色桌面说，要继续压缩负面清单，给市场“让”出更大空间。

2014 年 12 月，国务院先后批准设立了广东、天津、福建自由贸易试验区，并对上海自贸区进行了扩容。作为国家先行先试的试验田，自贸区通过对外开放倒逼改革，正在以更加积极主动的开放战略打造中国经济的升级版。

2017 年 3 月国务院印发的《全面深化中国（上海）自由贸易试验区改革开放方案》提出，在上海的洋山保税港区和上海浦东机场综合保税区等海关特殊监管区域内，设立自由贸易港区。自由贸易港通常被视为开放程度最高的自贸试验区，往往能成为一个地区乃至全球高度开放的贸易枢纽中心。在自贸试验区的基础上，探索建立自由贸易港，将会推动实施新一轮高水平对外开放，在金融和服务业等领域开放层次更高、力度更大，形成更高程度的资源优化配置，也有助于对接国际贸易投资新规则。

8. 太空中的“握手”

2013年6月11日傍晚，酒泉卫星发射中心，“长征二号”运载火箭巍然矗立，整装待发。17时38分，倒计时开始，随着“点火”口令发出，运载火箭推送着“神舟十号”载人飞船冲天而起，飞向无垠的太空。

发射后的两天里，飞船经过了多次变轨，随后转入自主控制状态，缓缓向在轨飞行的“天宫一号”目标飞行器靠拢。13日13时，“神舟十号”与“天宫一号”对接环接触，按程序完成一系列技术动作。航天员聂海胜、张晓光、王亚平密切监视着飞船仪表盘上的各类数据，以确认对接过程准确无误。他们在执行各种指令发送操作的同时，还通过天地通信系统向地面报告对接实施情况。13时18分，对接机构锁紧，“神舟十号”飞船与“天宫一号”的“亲密接触”圆满成功。3名航天员在飞船轨道舱脱掉舱内航天服，换上蓝色工作服，聂海胜开启“天宫一号”舱门，3人随即步入空间实验室。

按照计划，“神舟十号”与“天宫一号”组合体在轨飞行期间，3名航天员不仅要开展多项空间科学实验和技术试验，还要完成一项别致有趣的任务：实现中国首次太空授课。

6月20日10时12分，中国人民大学附属中学的教室里坐得满满当当，300余名中小学生好奇而紧张地看着讲台上的大屏幕，他们还拥有与航天员双向音视频通话互动的权利。与此同时，全国8万余所中学6 000余万师生同

事实真相

中国载人航天工程 载人航天工程是我国空间科学实验的重大战略工程之一，因在1992年9月21日获批，又称“921”工程。工程计划分三步实施：第一步，发射载人飞船，将航天员安全送入近地轨道，进行对地观测和科学实验，并使航天员安全返回地面；第二步，突破多人多天飞行、航天员出舱在太空行走、载人飞船和空间飞行器的交会对接技术，在此基础上发射短期有人照料的空间实验室，建成完整配套的空间工程系统；第三步，建造载人空间站，解决有较大规模的、长期有人照料的空间应用问题。

南开中学航天体验馆，学生们通过弧形屏幕观看中国首次太空授课

样翘首以盼，同步收看太空课堂的电视直播。

距离地面300多千米的“天宫一号”实验舱里，3位航天员微笑着并排坐在一起，然后通过清晰的电视画面向同学们打招呼。

聂海胜首先表演了一个悬空打坐。只见他把双腿盘起摆好姿势，王亚平伸出一根手指轻轻一推，聂海胜就飞了出去。同学们发出一片惊呼。王亚平告诉大家，刚才演示的是太空环境中的失重现象。接下来，王亚平和聂海胜演示了太空中质量的测量、物体的单摆运动和陀螺运动，讲解了在失重条件下物体运动的特点。

接下来，王亚平取出一个饮水袋倒置过来。当她打开止水夹，饮用水却并未倾泻而下。原来在太空失重的情况下，水是不会流下来的。接着，她把一个金属圈插进水袋，然后慢慢抽出。神奇的事情发生了！抽出的金属圈内形成一个水膜。王亚平轻轻晃动金属圈，还往上贴了一张中国结样式的塑料片，水膜依然完好。随后，她重新做了一个水膜，然后慢慢地往水膜上浇水，水膜变成一个水球。透过水球，可以看到航天员的倒影。借着这两个关于水的小实验，王亚平为大家讲解了液体表面张力的作用。

太空课堂持续了50多分钟，奇妙而神秘的太空现象让同学们目瞪口呆、大呼过瘾。在了解其背后的科学知识后，同学们禁不住发出啧啧惊叹和阵阵掌声。

6月25日，在太空中“亲密依偎”着飞行了12天，并经历了一次短暂分离和重新对接等操作后，“神舟十号”与“天宫一号”完全分离。本次任务顺利完成，这标志着中国载人航天第二步任务第一阶段完美收官。接下来，中国航天技术将全面进入空间实验室和空间站研制阶段。70万中国航天人，几十年孜孜不倦的飞天梦，正通过点滴积累、团结奋斗成为现实。

9. 月球上“玩互拍”

2013年12月2日凌晨1时30分，西昌卫星发射中心，“长征三号”运载火箭顺利升空，这一次的“乘客”是由着陆器和“玉兔号”月球车组成的“嫦娥三号”。经过火箭一二级分离、抛整流罩、火箭二三级分离等程序，1时50分，“嫦娥三号”与飞行器成功分离，随后进入地月转移轨道，开始在太空中独自漫步。

12月14日20时30分，“嫦娥三号”收到北京航天飞行控制中心传来的指令，调整角度，收拢太阳翼，做好了降落准备。21时，变推力发动机开机，探测器从月球表面上方约15千米处实施动力下降。5分钟后，深灰色的月球表面图像呈现在北京飞控大厅的大屏幕上，那是预定的着陆地：虹湾区域。在荒凉的月球表面，陨石坑、月岩散布其间，清晰可辨。

“嫦娥三号”缓缓下降，随后稳稳地悬停在距月面约 100 米处的月球上空。它正通过三维成像敏感器观测着陆区域，寻找着最佳着陆点。避开月岩和陨石，月面越

历史掌故

人类探月历程

从 1958 年起，美国和苏联展开了以探月为中心的空间竞赛，引发了首次探月高潮。1959 年，苏联研制的“月球 2 号”探测器在月球硬着陆坠毁，成为第一个撞击月球表面的人造飞行器。1969 年 7 月 20 日，美国“阿波罗 11 号”载人飞船成功登月，宇航员阿姆斯特朗和奥尔德林在月球上踏下人类的足迹，迈出了辉煌一步。此后，共有 12 名美国宇航员先后登上月球。但自 1976 年苏联“月球 24 号”探测器从月球带回从月表下 2 米处取得的样本后，人类探月活动陷入了沉寂。进入 21 世纪以来，欧洲、日本、印度等越来越多的国家都参与到探索月球的行列中来。我国的月球探测工程——“嫦娥工程”从 2004 年正式启动，分无人探月、载人登月、长久驻月三个阶段。目前实施的

来越近，发动机吹起的月尘弥漫开来。自苏联“月球24号”探测器登月以来，整整37年后，月球表面才再度扬起尘烟。

21时11分，“嫦娥三号”稳稳降落在月面，这一趟跨越茫茫太空的旅程就此完成。38万千米的距离，中华民族古老的“奔月”梦想，在这一刻成为现实。继

历史掌故

是第一阶段，第一阶段又分绕、落、回三步。2007年10月24日，我国第一颗月球探测卫星“嫦娥一号”发射成功，实现了绕月飞行，成为继美、苏、日之后第4个成功发射探月飞行器的国家。2013年12月14日，“嫦娥三号”成功落月，“玉兔号”月球车成功完成了一系列科学探测。至此，我国探月工程已全面进入“绕、落、回”三步走发展规划的第三期，并已取得再入飞行试验的成功。未来几年，我国将择期发射“嫦娥四号”与“嫦娥五号”，并将通过月球中继卫星，对月球背面南极艾特肯盆地开展人类首次着陆巡视探测。

中国首次月球探测工程全月影像图

“嫦娥三号”着陆器、“玉兔号”月球车互拍成像（着陆器图）

美国、苏联之后，中国成为第3个航天器软着陆月球的国家。

23时45分，根据分离指令，静静站立在月球表面的着陆器开始缓慢地展开太阳翼。“玉兔号”月球车站立于着陆器顶部，像一位船长似的观望着这片陌生的土地。隔日3时10分，“玉兔号”向转移机构缓慢移动。移动就位后，转移机构正常解锁，托举着“玉兔号”轻轻展开、降落、触月。

“嫦娥三号”着陆器、“玉兔号”月球车互拍成像（月球车图）

“玉兔号”月球车沿斜梯下滑，最终踩在了月球表面上。它围着“嫦娥三号”着陆器旋转拍照，像两位相伴旅游的朋友，在月球上快乐地玩起了互拍。地面指挥中心的专家们目睹了整个过程，月面上深深的痕迹铭刻下了这历史性的动作。

按照中国探月工程绕、落、回三步走的安排，“嫦娥三号”顺利完成了“落”步骤的相关任务。除此之外，它还肩负着突破自动巡视勘查、深空测控通信、月夜生存等关键技术的使命，为航天员登月做准备。就像神话故事里的情节，“嫦娥三号”和“玉兔号”将在月宫里“愉快地玩耍”，等待着它们的下一任接班人抵达。

10. 蛟龙探海

2012 年 6 月，盛夏的西太平洋，马里亚纳海沟碧波荡漾。搭载着“蛟龙号”载人潜水器的“向阳红 09”母船经过 8 天的航行最终抵达此处，并将在此进行 7 000 米海试。

经过 4 次下潜试验，海试团队在复核了潜水器的各项性能和功能，排查了可能出现的故障后，于 6 月 27 日早晨，展开了“蛟龙号”第 5 次下潜试验。

工作人员通过海底作业区海水密度的测试完成了压载铁的安装后，“蛟龙号”随轨道车缓缓驶向母船船尾，随后被“A”型架缆绳吊起放入水中。“蛙人”随即乘坐橡皮艇将缆绳解开，“蛟龙号”开始下潜。在 7 000 ～ 7 100

“蛟龙号”完成下潜任务后被吊起收回“向阳红 09”母船

米的神秘深海里，“蛟龙号”将完成它的重要使命。

其实，早在 2002 年，作为国家高技术研究发展计划（863 计划）重大专项，“蛟龙号”载人深潜器的设计研制工作已经开始。短短几年中，该项目接连挑战了 1 000 米、3 000 米、5 000 米级海试，并依次取得成功。这一次，7 000 米才是“蛟龙号”的目标。

“蛟龙号”深潜器像一条红白相间、形状方正的大鱼，在碧蓝静谧的大海中缓慢下游。它的体积达 83 立方米，有效负载 220 千克，最大速度可达每小时 25 海里，可以承载 3 名潜航员在水下工作 12 小时。

所有人都在注视着这条“大鱼”的行动，大家屏气凝神，注视着不断被改写的下潜深度。11 点 47 分，屏幕上的数字停留在 7 062.68 米，专家们知道，这已经创造了世界同类作业型潜水器最大下潜深度纪录。指挥部的所有人欢呼起来，为了这个创纪录的历史时刻。

“蛟龙号”在成功坐底后，开始抛载上浮。16 点 40 分，“蛟龙号”浮出水面，顺利返回母船。在下潜的同时，它还顺利取得了 3 份水样、2 个沉积物样以及 1 个生物样品，除此之外，还拍摄了非常多的海底生物的美丽照片。

“蛟龙号”在 7 062 米海底发现的海洋生物

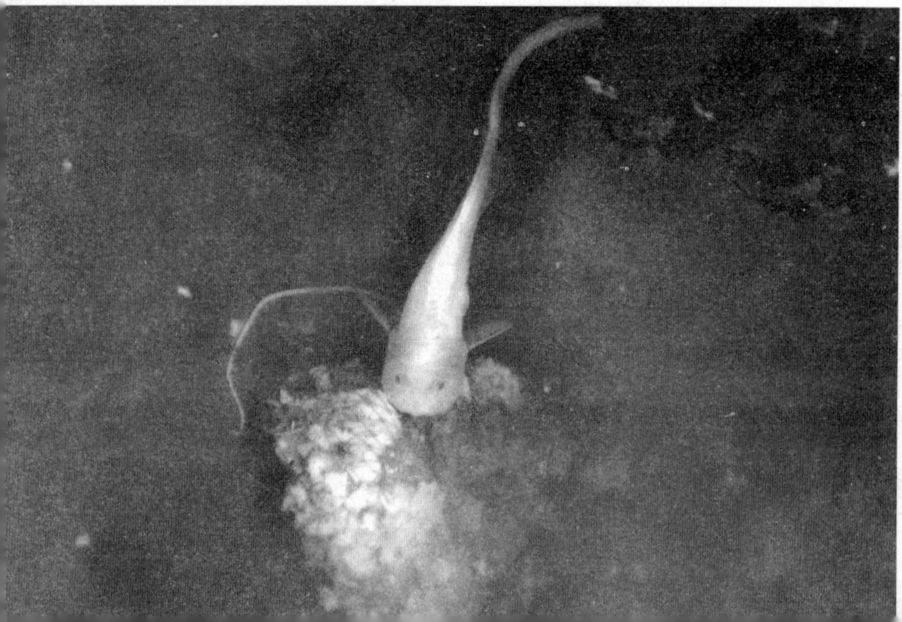

下潜深度只是中国发展载人深潜器的目标之一。进军深海、探索大洋，实现深海极端环境下海底作业，才是研发载人潜水器的真正目的。从 2013 年起，“蛟龙号”进入试验性应用阶段。

2013 年 6 月 5 日，伴随着阵阵汽笛声，“向阳红 09”母船从青岛起航，在江苏江阴搭载“蛟龙号”深潜器后，赴南海及西太平洋海域，执行首次试验任务。接下来的几个月，两位“伙伴”成功完成多次下潜任务，在探索深海远洋、寻找深海生物、矿物的道路上迈出重要一步。

2014 年起，“蛟龙号”又先后出征中国南海、西北太平洋和印度洋，多次执行试验性下潜任务。以“蛟龙号”载人深潜器为代表的海洋科技，正带领着中国人民进一步探索神秘富饶的海底世界，为把我国建设成海洋强国提供保障。

11. 兴军强军

2012 年 12 月，中央军委主席习近平考察广州战区时指出，实现中华民族伟大复兴的中国梦，这个梦想是强国梦，对军队来说，也是强军梦。要牢记坚决听党指挥是强军之魂；能打仗、打胜仗是强军之要；依法治军、从严治军是强军之基。此后，习近平又提出了“建设一支听党指挥、能打胜仗、作风优良的人民军队”的强军目标。

2014 年 10 月 31 日，福建省上杭县古田镇采眉岭笔架山，山脚下是一片开阔的田野，宁静村落、白墙青瓦的背后是参天的古树，“古田会议永放光芒”8 个大字熠熠生辉，这正是古田会议旧址所在地。上午，中共中央总书记、国家主席、中央军委主席习近平来到此处，亲切接见了出席全军政治工作会议的全体代表。随后，他带领全体中央军委委员参观会址、毛主席纪念园、古田会议纪念馆，与 10 位老红军、军烈属代表进行座谈。午餐则是与部队基层干部、英模代表围坐一桌，津津有味地吃起“红军饭”。

下午，习近平在全军政治工作会议上发表了重要讲话。他强调，革命的政治工作是革命军队的生命线。我军政治工作只能加强不能削弱，只能前进不能停滞，只

解放军某部官兵在古田会议旧址参观学习

能积极作为不能被动应对。要把理想信念、党性原则、战斗力标准、政治工作威信这 4 项根本要素在全军牢固地建立起来。

坚持党对军队绝对领导是强军之魂，任何时候都不能动摇；坚持把战斗力标准作为军队建设唯一的根本的标准，能打仗、打胜仗是强军之要。

军队的基本职能是打仗，在和平时期就是准备打仗。只有通过训练演习，从难、从严、从实战要求出发，才能锻炼部队的战斗力。按照年度军事训练计划，2013 年，我军举行了 40 场重大演习；2014 年，中国人民解

7 月 30 日，庆祝中国人民解放军建军 90 周年阅兵在位于内蒙古的朱日和训练基地举行。图为中共中央总书记、国家主席、中央军委主席习近平检阅常规导弹第 2 方队

放军海陆空三军火力齐开，上演了“三军四海”的大规模军演。

2014 年 6 月 1 日，“跨越—2014”陆军实战演练打响第一枪，来自七大军区的 7 个旅扮演“红军”，轮番与北京军区某机步旅扮演的“蓝军”在北京军区朱日和训练基地上演没有脚本的自主对抗，完全由双方自

主侦察、自主决策、自主协同、自主保障，结果6败1胜。

7月25日至8月1日，中国海军在渤海、黄海、东海和北部湾四大海域同时举行实兵演练。

2014年7月至9月，“火力—2014”兵种部队跨区基地化系列训练正如火如荼地进行。此次演练跨越夏秋两季，持续3个多月，在东北、华北、西北、鲁北和塞北等地展开。通过10场演习，六大军区的10个炮兵、防空兵旅，共2万多兵力接受了实战检验。

2017年7月30日，我军更是首次以庆祝建军节为主题在朱日和训练基地举行专项阅兵，接受习近平主席检阅，向党和人民宣誓：听党指挥，能打胜仗，作风优良。共有9个作战群的36个方梯队、1万多名参阅官兵、129架飞行器和571台兵器装备参加此次沙场大点兵，其中歼-20、歼-16和新型的防空导弹武器等40%的新型装备都是首次亮相阅兵场。

与此同时，中国军队与外军的联合军事演习也在同步进行。“科瓦里”中澳美3国陆军联合演练、2014美军环太平洋军演、上合组织“和平使命—2016”反恐演习……一系列军事演习，彰显了人民解放军兴军强军的决心和维护国家安全、主权的意志与实力。

12.“一带一路”倡议

2 000多年前，丝绸之路作为连接亚欧贸易的桥梁、融汇东西方文明的纽带，曾在中外商业往来、文明交流

2015 年 2 月 22 日，首趟“义新欧”中欧班列（马德里—义乌）国际铁路集装箱班列抵达义乌

的历史上，书写过美好的篇章。而在以和平、发展、合作、共赢为主题的 21 世纪，丝绸之路又将承载起“一带一路”倡议的新使命，为中国对外开放和经济发展及沿线各国的共同繁荣发挥出新的活力。

2013 年 9 月和 10 月，国家主席习近平在访问中亚和东盟国家期间，先后提出共建“丝绸之路经济带”和“21 世纪海上丝绸之路”的倡议，希望通过实施“一带一路”，有效促进沿线各国经济繁荣与区域经济合作，加强不同文明交流互鉴，促进世界和平发展。中国政府还出资 400 亿美元发起设立了“丝路基金”，为“一带一路”沿线国家基础设施、资源开发、产业合作和金融合作等项目提供投融资支持。

为推进和实施“一带一路”倡议构想，习近平主席、李克强总理先后出访 20 多个国家，与沿线国家元首和政府首脑举行会晤，达成广泛共识。2014 年 10 月 24 日，

历史掌故

丝绸之路

丝绸之路是 2 000 多年前生活在亚欧大陆上的人民，共同探索出的多条连接亚欧非几大文明的贸易和人文交流通路，后人将其统称为“丝绸之路”。广义的丝绸之路分陆上丝绸之路和海上丝绸之路，包括：西汉张骞出使西域开通的“西北丝绸之路”；北向从蒙古高原西行天山北麓进入中亚的“草原丝绸之路”；西安到成都再到印度的“西南丝绸之路”；还有从广州、泉州、杭州、扬州等沿海城市出发，从南洋到阿拉伯海，甚至远达非洲东海岸的海上贸易的“海上丝绸之路”等。中国是丝绸的故乡，这条路运送的货物中又以丝绸最为有名，故此，德国地理学家费迪南·冯·李希霍芬第一个将其命名为“丝绸之路”。

由中国倡议筹建的亚洲基础设施投资银行首批 21 个意向创始成员国齐聚北京，在人民大会堂签署了筹建备忘录。随后，申请加入亚投行的国家很快增至 42 个。

不仅如此，国内沿线各地也早已跃跃欲试，积极融入“一带一路”倡议。

2014 年 1 月 20 日下午，浙江省义乌市铁路西站，随着火车的一声长鸣，一列编号为 81018 的“义新欧”（义乌—中亚五国）国际集装箱列车缓缓驶出，开始了长达 1 万余千米的长途旅行。专列从义乌出发，经新疆阿拉山口边境口岸，转关后开往哈萨克斯坦的阿拉木图，再分拨至哈萨克斯坦等中亚五国。10 多天后，车上装载的 50 多个集装箱的“中国制造”各类小商品就会出现在乌兹别克斯坦、哈萨克斯坦等中亚国家的百货商店货架上。

11 月 18 日，装载着 82 个标箱货品的“义新欧”首趟欧洲班列从义乌出发，经哈萨克斯坦、俄罗斯、白俄罗斯、波兰、德国、法国，21 天后抵达西班牙马德里，为欧洲捎去了“圣诞”礼物。2015 年 2 月 22 日，首趟返程“义新欧”中欧班列，从西班牙马德里出发，经过22天长途跋涉，返抵义乌。车上装载的红酒、橄榄油、矿泉水等地道的西班牙特产，经义乌海关及检验检疫部门查验后，开始在义乌进口商品馆上架销售。价廉物美的进口商品，深受广大中国消费者的青睐。

“义新欧”专线列车贯穿了丝绸之路经济带，它的稳定运营标志着中欧陆上通道逐渐成形。“一带一路”沿线44亿人口、26个国家和地区经济规模巨大，推进“一带一路”建设，不仅全面提升我国开放型经济水平，而且造福沿线各国人民。

2015年3月，国务院授权发布了《推动共建丝绸之路经济带和21世纪海上丝绸之路的愿景与行动》，“一带一路”倡议乘风启航，古老的丝绸之路正焕发出新的生机和活力。

13. 从安纳伯格庄园到瀛台

2013年6月6日下午，一架中国民航飞机抵达美国

“阳光之乡”安纳伯格庄园

加利福尼亚州安大略国际机场。飞机停稳后，国家主席习近平与夫人彭丽媛缓步走下舷梯。接下来的两天，习近平将与美国总统奥巴马在安纳伯格庄园举行会晤。作为世界上最大的发达国家与最大的发展中国家，中美两国的外交关系历来是聚焦热点，两国元首会晤更是牵动着世界的目光。

7日下午4点，位于加利福尼亚州的安纳伯格庄园粉墙绿树、浓荫满眼。庄园主楼门厅外，习近平走向迎候在那里的奥巴马，两国元首紧紧握手。这是中美两国政府换届以来，两国元首的第一次会晤。没有欢迎仪式，没有鸣响礼炮，两国元首身着黑色西装、白色衬衫，不打领带，脸上带着加州阳光般灿烂的笑容。

庄园主楼客厅，一张长条桌边，树立着两国国旗。中美双方各7人对坐，就各自国内发展、构建中美新型大国关系以及共同关心的国际和地区问题交换意见。会谈中，习近平表达了中国一如既往坚持和平发展的坚定决心，并再一次阐述了“中国梦”的深刻内涵。

夜幕降临，两国元首移步主楼宴会厅。在工作晚宴上，白天没有结束的讨论仍在继续。

8日上午，双方进一步就各自国内经济形势，尤其是中美经济关系交换意见。会晤开始前，习近平和奥巴马在风光秀丽的安纳伯格庄园内一起散步，并聊起彼此的爱好和生活。长长的林阴路上，两个高大的背影并肩而行。

两天时间，两场会晤，正式会晤外两国元首非正式交流的内容也成为国际焦点。通过坦诚深入的交换意见，双方达成了一系列重要共识，取得了重要积极的成果。

继庄园会晤后，2014年11月11日傍晚，北京APEC会议期间，习近平邀请奥巴马在中南海瀛台再次举行会

历史掌故

瀛　台

瀛台位于中南海的南海中，因四面临水，如海中仙岛，故名瀛台。它始建于明朝，台上有翔鸾阁、涵元殿、香扆殿、迎薰亭、蓬莱阁、藻韵楼、绮思楼等建筑，是明清帝王与后妃听政、避暑和居住之所。戊戌变法失败后，光绪帝曾被幽禁于此。中华人民共和国成立后，毛泽东、周恩来、刘少奇、朱德、邓小平等领导人曾居住于此。现在这里是国家领导人会见外国领导人的场所之一。

晤。当夜皓月当空，北京初冬的夜晚，风有些大。瀛台四面临水，水波荡漾，岸边柳条飞舞。二人互致问候后，习近平向奥巴马说："走一走吧，我带你参观一下这里的环境。"奥巴马欣然接受。二人带着同声传译耳机，不紧不慢地边走边聊。瀛台桥上，两国元首凭栏远眺。习近平向奥巴马介绍了瀛台的历史。随后，二人拾级而上，来到涵元殿举行会谈。原定30分钟的会谈，共持续了90分钟。之后，习近平邀奥巴马共进晚宴。席间，两国元首就治国理政进行了深入交流。晚宴后，两人依然聊兴不减，信步来到迎薰亭茶叙。不知不觉已到11点多，两国元首在瀛台桥北握手话别，习近平一直目送奥巴马的专车离开。

从安纳伯格庄园会晤到瀛台夜话，中美双方构建新型大国关系的努力初见成效。瀛台夜话次日，中美两国元首举行正式会谈，取得了包括气候变化、经贸关系、信息技术、军事互信、签证互惠安排等 27 项重要成果。

当然，一两次会晤不可能解决中美之间存在的所有问题。但只要坚定方向、锲而不舍，就一定能推动相互尊重、合作共赢的中美新型大国关系建设得到更大发展，更好地造福两国人民和各国人民。

14. 主场外交惊艳全球

主场外交，顾名思义就是在本国进行的外交活动。2014 年可谓中国的主场外交年。此前，奥运会、世博会、博鳌论坛的成功举办，中国已积累起了在本土建立外交主场的基础和平台，而中国此次展现出来的主场外交能力，更是惊艳了全世界。

2014 年 11 月 11 日，亚太经合组织第二十二次领导人非正式会议在北京怀柔雁栖湖国际会议中心举行，图为国家主席习近平主持会议

2014 年 5 月，有着 22 年历史的亚洲相互协作与信任措施会议（简称“亚信”）首次来到中国。21—22 日，来自 46 个国家和国际组织的领导人及代表相聚上海浦东世博中心。国家主席习近平主持峰会并发表主旨讲话，提出了亚洲新安全观。同时，在这次峰会上，中国正式接任亚信轮值主席国。

随后，中国首都北京迎来了亚太经合组织（APEC）领导人会议周。这是时隔 13 年后，中国再次成为 APEC 会议东道主。11 月 5 日，2014 年 APEC 最后一次高官会拉开会议周序幕，随后，外交和贸易双部长会议、加强互联互通伙伴关系对话会、工商领导人峰会、APEC领导人与工商咨询理事会代表对话会等活动先后举行。

11月10日晚，会议周的高潮——领导人非正式会议压轴上演。奥林匹克中心大道两旁彩灯高挂，APEC霓虹灯会标交相辉映。习近平和夫人彭丽媛在北京国家游泳中心（水立方）举行欢迎宴会，欢迎出席此次会议的各成员经济体领导人、代表及配偶。简单的欢迎仪式后，贵宾们身着中国式服装步入宴会大厅。大厅内曲水流觞、亭台楼阁，使人们仿佛置身于一幅中国山水画中。宴会后，习近平夫妇陪同来宾们一起观看了文艺演出和焰火表演。绚烂的烟花腾空绽放，演绎着“春生、夏长、秋收、冬藏”的中国式人间四季篇章。

次日上午，APEC第二十二次领导人非正式会议第一阶段会议在北京燕山脚下的雁栖湖畔举行。仿汉唐风格修建的会议厅内，正中摆放着一张直径12米的圆桌，周围均匀摆放着21张仿古木椅，每张座椅对应的桌上摆放着整套的文房用品、话筒及景泰蓝制开关。圆桌正上方是一盏巨大的水晶吊灯。

习近平主持了第一阶段会议，各成员国经济体领导人围绕“共建面向未来的亚太伙伴关系”主题深入交换了意见，共商区域经济合作大计，并达成广泛共识。会后，与会领导人来到雁栖岛上的夏园，挥锹培土，种下21棵2米高的白皮松。它们组成了“亚太伙伴林”，寓意着聚木成林，合作发展。

短短一周时间，中国发挥主场优势，会场内外中国元素随处可见，展示了中华文化的悠久历史和独特魅力。更重要的是，通过此次会议，中国在国际和地区热点问题上发出了中国声音，提出了中国倡议，发挥了中国作用。在会议期间，中俄签署了西线天然气协议；中美两国元首举行了会晤；中韩完成了自贸区实质性谈判；通过了《北京纲领》和《亚太伙伴关系声明》；批准了APEC《互联互通蓝图》；通过了亚太自由贸易区路线图，亚太自由贸易区进程正式启动；发表了《北京反腐败宣言》；等等。主场外交硕果累累。

第三章

民族振兴梦

1. 培育社会主义核心价值观

每个时代都有符合自身特征的精神，每个民族也都有稳定共有的价值观念。核心价值观承载着一个民族、一个国家的精神追求，体现着一个社会的价值标准。党的十八大提出了培育和践行社会主义核心价值观，并将其基本内容概括为 24 个字：富强、民主、文明、和谐，自由、平等、公正、法治，爱国、敬业、诚信、友善。它从国家、社会、公民个人 3 个层面提出了价值标准和行为准则。

2014 年“六一”国际儿童节前夕，习近平总书记来到北京市海淀区民族小学，参加少先队主题队日活动。他在与师生们座谈时指出：培育和践行社会主义核心价值观要从少年儿童抓起，要适应少年儿童的年龄和特点，做到“记住要求、心有榜样、从小做起、接受帮助”，家庭、学校、少先队组织和全社会，都要负起责任。

其实，如何利用新颖有效的形式开展思想道德教育一直是学校和师生们努力探索的方向。从 2002 年开始，北京市宣武师范学校附属第一小学便借助具有地方特色的童谣形式，开展未成年人思想道德教育。北京童谣文字浅显、易学易记、生动活泼，特别适合青少年学习、传唱。

为帮助同学们理解社会主义核心价值观的基本内容，宣师一附小的德育老师因材施教、耐心讲解。同时，挑选理解能力较强的三至五年级学生，根据自己的理解，寻找身边榜样，并以他们的事迹为素材编写童谣。

比如，读三年级的刘雨晴，每天放学路过家门口的公交车站，都会看到戴着红色袖章的邻居陈伯伯。陈伯伯是在利用空余时间，做文明乘车引导员，义务引导和

2014 年 9 月 1 日，山东省青岛市嘉峪关小学在开学典礼上通过演讲、诗歌等形式表达对社会主义核心价值观学习的理解和解读

服务乘客文明乘车。于是，她拉着妈妈去公交车站观察陈伯伯工作，并在妈妈的帮助下编写了《传递文明做榜样》:“小小文明传递岗，传递文明任务忙。微笑鞠躬姿态美，问好声音真洪亮。文明行为我表扬，不良举止我阻挡。站好文明传递岗，传递文明做榜样。”

再比如，比刘雨晴高一年级的朱琳，因为感受到了同学之间“友善”的重要性，在爸爸妈妈的帮助下编写了一首关于同学相处的童谣:“同学之间不争吵，彼此友谊很重要……”

仅仅一个月的时间，同学们就编写了600余首童谣。2014年6月30日上午，宣师一附小举行了“新童谣唱响社会主义核心价值观”——庆“七一”主题升旗仪式。

升旗仪式在嘹亮的国歌声中开始。随后，三年级3班的同学为全校师生表演了他们创编的《核心价值观歌》:“你拍一，我拍一，诚实守信紧相依；你拍二，我拍二，文明和谐传佳话；你拍三，我拍三，人人相处多友善……你拍十，我拍十，爱国守法要坚持。”紧接着，同学们采用拍手歌、朗诵、舞蹈等不同形式，表演了10首自己创编的童谣，使社会主义核心价值观呈现出新颖别致的童真童趣。

2. 重塑文艺核心价值观

2014年10月15日上午9时，习近平总书记在人民大会堂东大厅主持召开了文艺工作座谈会。这不由让人联想到72年前毛泽东主持召开的延安文艺座谈会。巧合的是，此次座谈会与会代表也恰好是72人。来自文学、

2014年10月17日，北京市文联召开座谈会，召集首都文艺界人士学习习近平总书记在文艺工作座谈会上重要讲话精神

戏剧、音乐、舞蹈等各个领域的文艺工作者济济一堂，其中既有德高望重的老艺术家，也有近年来崭露头角的新秀，还有两名网络作家，可谓群贤毕至，少长咸集。

在会上，习近平开门见山地说：“是我提议召开这一次座谈会，主要是想听听大家的意见和建议，和大家一起分析一下现状，交流一下思想，我也谈一些看法，共商我们如何使我国的文艺繁荣这样的一些发展大计。”

中国作协主席铁凝第一个发言。接下来，尚长荣、阎肃、许江、赵汝蘅、叶辛、李雪健先后围绕当前我国的文艺发展，坦承己见。习近平认真倾听每一位发言，一边听一边记，并不时插话询问有关情况。

空政文工团一级编剧阎肃提出，军旅文艺作品创作要有兵味、战味。习近平深表赞同："如果解放军文艺工作者没有军味战味，干吗要穿这身军装呢？干吗要用这么多的军费办这些文艺团体？"

曾经创作出《蹉跎岁月》《孽债》等著名小说的作家叶辛，谈到了自己在贵州插队当知青时候的感受，以及他作为一个作家如何从当年苦涩的生活中汲取创作灵感。这让同样深有感触的习近平也回忆起自己的知青岁月。著名演员李雪健发言后，习近平由衷地称赞他把焦裕禄、杨善洲两个人物刻画得非常好。

习近平在讲话中说："社会主义文艺，从本质上讲，就是人民的文艺。文艺要反映好人民心声，就要坚持为人民服务、为社会主义服务这个根本方向。"他同时指出：文艺作品应该用现实主义精神和浪漫主义情怀观照现实生活，用光明驱散黑暗，用美善战胜丑恶，让人们看到美好，看到希望。他要求广大文艺工作者把社会主

历史掌故

延安文艺座谈会

延安文艺座谈会，是指1942年5月中共中央邀请在延安的作家、艺术家及文艺工作者共80余人召开的文艺座谈会。毛泽东在会上发表了讲话，总结了1919年五四运动以来中国新文化运动的经验和教训，并联系延安和各抗日根据地文艺界存在的问题，提出了中国共产党解决这一系列问题的理论和政策，特别是明确提出了“文艺要为工农兵服务”的方针。文艺座谈会的召开，推动了根据地文艺事业的发展，涌现出一批优秀作品。

义核心价值观生动活泼、活灵活现地体现在文艺创作之中，用栩栩如生的作品形象告诉人们什么是应该肯定和赞扬的，什么是必须反对和否定的，做到春风化雨、润物无声。

像是拉家常的平实讲话，却隐含着总书记对中国文艺的殷切厚望。座谈会结束后，习近平来到艺术家们中间，同大家一一握手。

文艺，可以反映一个时代的风貌，引领一个时代的风气。在实现“两个一百年”奋斗目标、实现中华民族伟大复兴的中国梦的历史征程中，文艺如何发挥凝神聚气的作用？习近平在文艺工作座谈会上的讲话给出了答案。

3. 千秋问道

一个国家、一个民族的强盛，总要以文化兴盛为支撑。文化软实力是国家综合国力的重要组成部分，而传统文化是一个国家软实力的深厚底蕴和坚实根基。实现中华民族的伟大复兴，必须继承和弘扬优秀传统文化。

谈起中国传统文化，孔子无疑是中国传统文化的代表人物，作为我国著名思想家、教育家，孔子创立的儒家学说以及在此基础上发展起来的儒家思想，已经融入中国人的血脉，是中华民族宝贵精神财富。

2014 年 9 月 28 日是孔子诞辰 2 565 周年纪念日，我国多地举行了盛大的庆典。孔子故里——山东曲阜在孔庙举行了隆重的公祭大典。

清晨，曲阜下起了小雨。由民众组成的诵读方阵肃

2014 年 9 月 28 日，孔子诞辰 2 565 周年纪念日，孔子故里山东曲阜孔庙举行祭孔大典，祭祀人员在祭拜孔子像

立在祭祀现场，齐声诵读儒家经典语句。由联合国教科文组织官员、海外孔子学院代表、专家学者以及孔子后裔、宗亲等 4 000 多人组成的祭祀队伍，佩戴黄色绶带，在孔庙外的神道上，开始向孔庙缓缓行进。

公祭大典分为明故城开城仪式、圣时门开庙仪式、大城门启户仪式和公祭大典仪式 4 个部分。9 点过后，孔庙万仞宫墙大门徐徐打开。由 400 余名小学生组成的唱诵论语方阵，迎接祭孔大典嘉宾进入孔庙。祭祀队伍沿中路缓步进入孔庙，经金声玉振坊、棂星门行至圣时门。

祭祀嘉宾整理衣冠，庄严肃立，举行开庙仪式。进入圣时门后，眼前豁然开朗，古木参天，绿草成茵。道路两旁，站成方阵的高中学生正诵读着经典。这不禁引人遥想当年孔子弟子三千的壮阔景象。

进入大成门，伴随司仪三声悠长的唱词“启户”，乐声响起，祭祀队伍来到大成殿前，在露台两侧肃立。三通鼓起，大成殿殿门缓缓打开，公祭大典正式开始。

“天人合一”乐奏响起，身着汉服的舞者，左手持

历史掌故

曲阜孔庙

曲阜孔庙是在儒家学派创始人孔子的故居基础上修建的祭祀孔子的祠庙，位于山东省曲阜市中心，始建于公元前 478 年，历代均有增修扩建，经 2 400 余年祭祀不绝。现存建筑群绝大部分是明、清两代所建，仿皇宫样式，规模宏大、气魄雄伟，1994 年被列为世界文化遗产，与北京故宫、承德避暑山庄并称中国三大古建筑群。

籥，右手持羽，在大成殿前跳起公祭乐舞，用音乐和舞蹈诠释儒家思想文化。随后，祭祀代表向孔子像敬献花篮，时任山东省委副书记、省长的郭树清诵读了祭文，祭祀现场所有嘉宾向孔子像行鞠躬礼，甲午年祭孔大典宣布礼成。

这一天，香港特别行政区举办了全球华人孔诞纪念典礼，包括向孔子圣像行三鞠躬礼及诵读《论语》经典篇目等活动，并宣布从2014年起，每年9月的第3个星期日为“孔圣诞日”。

在海峡的那一端，台湾各地40余座孔庙也举行了祭孔典礼。在台北孔庙祭孔典礼上，由孔子第79代嫡长孙孔垂长担任主祭官，举行了“三献古礼”，小学生表演了传统的佾舞。

祭祀先贤是中华文化“慎终追远”的重要形式，是对优秀传统文化的尊重与传承。优秀传统文化是一个国家、一个民族传承和发展的根本，如果丢掉了，就割断了精神命脉。我们要从延续民族文化血脉中开拓前进，再创辉煌。

4. 国家公祭日

1937 年 12 月 13 日，侵华日军攻陷南京，短短 6 周内杀戮了 30 多万中国军民，制造了南京大屠杀。这是人类文明史上骇人听闻的暴行，是对人类生命尊严的严重践踏。但是，日本右翼分子罔顾历史事实，每每以篡改教科书、污蔑幸存者、纠缠死难者数字等方式，妄图抹杀侵略历史、美化侵略战争。2014 年，党和国家决定将每年的 12 月 13 日设立为南京大屠杀死难者国家公祭日，为南京大屠杀以及所有惨遭日本侵略者杀戮的死难者举行国家公祭。

2014 年 12 月 13 日，首个国家公祭日，南京大屠杀纪念馆正门外的道路两边挂满了“国家公祭”的标识，黄色的菊花静静开放。清晨 7 时，纪念馆前的集会广场上举行了国旗降半旗仪式。广场西侧巨大的“灾难墙”，灰黑的底色映衬着“南京大屠杀死难者国家公祭仪式”14 个白色大字。刻着南京大屠杀事件发生时间的标志碑和“和平大钟”分列公祭台两侧。1万多名参加仪式的各界代表，胸佩白花，静静肃立。

9时56分，习近平等党和国家领导人步入现场，站立在群众方阵的最前面。18名中国人民解放军三军仪仗兵齐步行进至公祭台两侧，持枪伫立。公祭仪式由时任全国人大常委会委员长的张德江主持。10时整，仪式在国歌声中开始，全场向南京大屠杀死难者默哀，现场拉响防空警报。与此同时，南京全城警报响起，汽车喇叭、火车和轮船汽笛齐鸣。

随后，军乐团奏起《安魂曲》，16名礼兵抬着8个花圈缓缓走上公祭台，将花圈安放在“灾难墙”前。77名南京市青少年代表深情宣读了《和平宣言》。习近平搀扶着85岁的南京大屠杀幸存者代表夏淑琴老人，与南京大屠杀死难者后代阮泽宇一起走上公祭台，为“国家公祭鼎”揭幕。蓝色幕布徐徐降下，一尊高1.65米、重2 014千克的三足圆形铜鼎呈现在众人眼前。

习近平在讲话中说道：“我们为南京大屠杀死难者举行公祭仪式，是要唤起每一个善良的人们对和平的向

2014 年 12 月 13 日，南京大屠杀死难者国家公祭仪式在南京举行。图为 3 000 羽和平鸽在公祭仪式现场振翅飞翔

往和坚守，而不是要延续仇恨。”“忘记历史就意味着背叛，否认罪责就意味着重犯。一切罔顾侵略战争历史的态度，一切美化侵略战争性质的言论，不论说了多少遍，不论说得多么冠冕堂皇，都是对人类和平和正义的危害。”“中国人民将坚定不移维护人类和平与发展的崇高事业，愿同各国人民真诚团结起来，为建设一个持久和平、共同繁荣的世界而携手努力。”

6 名南京各界群众代表随即撞响了和平大钟，在钟声回荡中，3 000 羽和平鸽飞上天空。这钟声是对死难亡灵的告慰，这鸽子则是对和平的呼唤。正视历史，方能珍惜现在。公祭受难同胞，不仅警醒着国人继续拼搏、奋发向上，也唤起了全世界人民对生命、对和平的珍惜。

5. 珍视民族团结

2014 年 8 月，新疆库尔勒市恰尔巴格乡维吾尔族学生古丽米热·米提吾拉家中来了几位陌生的客人。他们是国家民委的工作人员，受托专程从北京赶来，要将李克强总理的一封信交到古丽米热手中。

古丽米热迫不及待地拆开信，只见信中写道："古丽米热同学：很高兴收到你的来信。信中说你们 5 位同学在北京观看了升旗仪式，参观了故宫、长城，还与民大附中的同学们座谈。相信你们对中华民族的灿烂文化和国家的发展有了更多的了解。……每个民族都是祖国大家庭的一员。你和同学们像爱护自己的眼睛一样维护

2014 年 5 月 6 日，北京 56 民族团结日活动在北京地坛公园举行。图为演员在活动上表演民族舞蹈

民族团结，很有意义。只要每个人都行动起来，从自己身边的小事做起，我们这个多民族的大家庭就会更加和睦。”信的最后署名：李克强。

看到总理的签名，古丽米热确定这不是在做梦。“总理那么忙，没想到这么快就回信了！”古丽米热的母亲在一旁激动地说。

由于自幼父母离异，古丽米热和妈妈的生活一直十分艰难。2004 年年底，中国电子科技集团公司职工周有光、梁军被派到新疆工作，因为经常到她家开的小吃店吃饭而认识了她们。了解到母女俩生活的困境，看着和自己女儿差不多大的古丽米热，周有光、梁军尽其所能地帮助母女俩。工作结束回到南京后，仍然给古丽米热寄来学费、生活费。此后的10年间，他们一直资助古丽米热上学，帮助母女俩渡过一个个难关。古丽米热亲切称他俩为“南京爸爸”。

2012年，古丽米热考入江苏省江浦高级中学。2014年3月，昆明火车站暴力恐怖案发生后，古丽米热和同学们经常因来自新疆而遭受委屈，于是她决定给李克强总理写封信。在信中，她表达了“暴徒不等于新疆人，新疆人一样仇恨那些暴徒”“民族团结是我家乡人们共同的愿望”等想法，并吐露了去北京看升旗的心愿。

古丽米热的信很快转到李克强手里。在总理的关心下，中央民族大学附属中学邀请古丽米热和她的4名同学来到北京，看升旗仪式，参观天安门、长城、故宫……回到南京后，古丽米热再次给李克强写信：“看着鲜红的五星红旗冉冉升起，我们血液沸腾，心中充满了对祖国的无限热爱。在这庄严的时刻，想起我们这群来自祖国边陲、天山深处的维吾尔族学生受到党和政府的精心培养和格外关怀，心中的感激之情油然而生。”“北京之行是一生难忘而又幸福的记忆。这将永远激励我们奋发向上，学好本领，服务社会，报效祖国，为实现伟大中国梦贡献自己的青春热血。”信发出后不久，古丽米热就回新疆过暑假了。她做梦也没有想到，总理会亲自给她回信，并且这么快。

与此同时，她的两位“南京爸爸”也收到了总理的来信。在信中，总理写道：“维护民族团结需要每个人从点滴做起。你们以实际行动做出表率，彰显了平凡中不平凡的真情与胸怀。”

全面建成小康社会，离不开少数民族和民族地区的全面小康。实现中华民族伟大复兴的中国梦，更离不开56个民族、13亿中国人民同心合力。正如习近平总书记反复强调的那样：“各族干部群众都要像爱护自己的眼睛一样爱护民族团结，像珍视自己的生命一样珍视民族团结。”

第四章

IV 人民幸福梦

扫码体验

VR融媒“四史”云课堂
“四史”学习就在我身边

1. 告别“独生子女时代”

20 世纪 70 年代，我国开始实行计划生育政策，提倡一对夫妇只生育一个孩子。“独生子女”成为一个时代的独特词汇。进入 21 世纪，我国人口形势发生了很大变化，人口的总量依然较大，但社会结构已逐步进入老龄化。人口结构性矛盾日益突出，这对现行生育政策的适当调整提出了新的要求。

2013 年 11 月，党的十八届三中全会对生育政策做出重大调整，在坚持计划生育基本国策的前提下，启动实施一方是独生子女的夫妇可生育两个孩子（即“单独两孩”）的政策。在此之前，我国已经实行“双独两孩”政策。从“只生一个好”到“一个太少，两个正好”，创建和谐与幸福的家庭有了更多的模式选择。

2014 年 1 月 17 日，浙江省正式实施“单独两孩”政策，成为全国首例。其他省份随后跟进。“单独两孩”的政策，为许多普通家庭增添了喜气，南京市鼓楼区的沈萍一家正是其中之一。

沈萍和丈夫都是“80 后”，两人都在企业工作，其中沈萍的丈夫是独生子。虽然已经有了一个 5 岁的儿子，但夫妻俩和家中长辈都有他们再生一个孩子的想法。2014 年年初，沈萍又怀上了小宝宝。

新的生育政策让期待已久的沈萍一家高兴不已。全家都等着、盼着，多次到社区居委会咨询相关政策。江苏省启动实施“单独两孩”的政策刚刚公布，他们在第一时间准备好了相关材料，并提出申请。

4 月 1 日，沈萍和她的婆婆来到方家营社区递交了申请材料，填写了申请表和《婚育情况承诺书》。工作人员对材料进行初步审核后，送交宝塔桥街道计生办、鼓

2014年4月11日，江苏省南京市首张“单独两孩”准生证，图为申请者沈萍抱着儿子在看刚领取的“单独两孩”生育证

楼区计生局逐级审批。同时，将申请情况在社区进行公示，公示期为10天。

4月11日，公示期满，鼓楼区计生局审核通过后，给沈萍颁发了“再生育子女生育证”。这也是南京市首张“单独两孩”生育证。为此，计生办工作人员专程将生育证亲自送到沈萍家。拿着盼望许久的“小红本”，沈萍看了又看，高兴地说：“比我想象中要快，我以为还要再等两天。”

2014 年 11 月底，全国 31 个省、市、自治区全部启动实施了“单独两孩”政策。2015 年，党的十八届五中全会决定全面实施一对夫妇可生育两个孩子政策，“独生子女时代”成为历史。

历史掌故

独生子女

1980 年 9 月 25 日，中共中央发出《关于控制中国人口增长问题致全体党员、共青团员的公开信》，提倡一对夫妇只生一个孩子，开始全面实行计划生育政策。此后，累计出生的独生子女超过 1 亿人，独生子女成为当代中国一个特殊的群体。独生子女政策对控制人口基数、提高人口素质、促进经济发展起到了积极作用，但随着社会的发展变化，它也导致了一些社会问题。从 20 世纪末开始，一些省份便开始陆续放开“双独两孩”政策。继 2013 年 11 月开始启动实施“单独两孩”政策后，从 2016 年 1 月 1 日起，中国全面实施“两孩”政策，在坚持计划生育基本国策的同时，完善人口发展战略。

2. 户籍改革破冰

改革开放以来，我国逐步产生了约2.7亿名农民工，他们工作生活在城市，为城市发展和祖国建设添砖加瓦，自身却因为没有城市户口被屏蔽在城市之外，无法享受居住、医疗、子女上学等方面的资源。2012年10月，中央经济工作会议提出，要有序推进农业转移人口市民化。只有实现了农村人口“市民化”，中国的城镇化才能更好地发展。

广东省是较早试行户籍制度改革的地方，山东人邱宝新是这次改革的受益人。1999年，邱宝新告别故乡枣庄来到广东打工。2004年，他和妻子借钱在中山市火炬区买了房。那一年，他们的儿子出生了。居住有房、夫妻双薪、小孩送私立幼儿园，一家人生活得其乐融融。有没有户口，邱宝新并没有放在心上。一转眼孩子该上小学了，邱宝新这才犯了愁。没有中山市户口，孩子只能上私立学校，一年学费要1万元。2010年6月，广东

2012年12月，重庆市渝中区解放碑派出所民警向合川区龙市镇龙头村村民发放居民户口簿

省推行“积分入户制”。中山市开始落实流动人口、农民工积分入户以及入学的管理办法，邱宝新决定申请试试。

高中学历、有房、社保、纳税10年……2010年，这些“硬性条件”给邱宝新积了67分，超过了50分的“入学”分数线，但距离“入户”分数线103分却差了近40分，第一年入户申请失败了，但邱宝新并不气馁。儿子凭借他的基础分积分顺利入学，给了他很大动力，他要努力增加积分，争取早日落户。回老家开具计划生育证明，加2分；参加义务献血，加1分；加入公司的义务消防服务队，义务教别人使用救火器材……一项项社会服务为他积累着积分。2012年，邱宝新积累了189.5分，超过分数线59.5分。12月10日，打拼了13年的邱宝新终于拿到了中山市居民户口簿，正式成为中山市居民。

2014年7月，国务院公布《关于进一步推进户籍制度改革的意见》：取消农业户口与非农业户口的性质区分，不再分城里人和农村人；实行居住证制度；建立与统一城乡户口登记制度相适应的教育、就业、社保、住房等制度；到2020年，实现1亿左右人口落户城镇。2015年，北京通州等62个城市（镇）试点推进积分落户政策。户籍改革不断破冰前行，一位位勤奋善良的农民朋友真正成为城市的居民，他们被点亮的“市民梦”正如点点星光，汇聚为城市的璀璨夜空。

3. 留住“APEC蓝”

2014年，APEC会议在北京召开。天公作美，那段时间的北京一直保持着清澈湛蓝的天空。“APEC 蓝”迅速成为一个网络热词。它的走红隐含着人们内心的期盼，盼望能够长久留住这一份美好的“APEC 蓝”。

2013 年 1 月 12 日，中央电视台《新闻联播》头条报道了我国中东部地区正被雾霾笼罩、PM2.5 严重超标、空气质量达到严重污染的状况。雾霾天气导致道路管制、机场关闭、港口停运，人们的工作生活受到了很大影响。患上呼吸道疾病的人数大幅增加，北京部分中小学的体育课甚至被迫改在室内进行。空气净化器和口罩成为生活必备品。

从 2011 年入冬开始，雾霾天频繁出现，持续时间也越来越长。雾霾大面积的出现和扩散，不仅使老百姓深受其害，也严重影响了中国的国际形象。2014 年北京 APEC 会议召开在即，会议期间，数十位国际政坛“重量级”人物将聚首北京，中国政府承诺，保障 APEC 会议期间的空气质量达标。

雾霾的罪魁祸首是细颗粒物 PM2.5，它主要来源于日常发电、工业生产以及汽车尾气排放。治理雾霾就要堵住其产生的源头。为此，北京及周边5省市参照奥运会、世博会的标准，实行了最高级别标准的空气质量保障方案。环保部16个督查组督查保障落实。北京从2014年6月就开始实施保障措施：关停部分电厂，淘汰老旧机动车和锅炉，采用清洁能源替代，300多家污染企业或关停或进行技术改造和减排。会议期间，北京全市工地停工、车辆单双号限行、大部分公车停驶；北京周边省区市也实行了机动车限行、重点污染企业限产、部分施工工地停工等防护措施。

人努力，天帮忙。在多省的联防共治下，北京终于告别雾霾，迎来蓝天。在湛蓝的天空下自由呼吸着洁净空气，人们不禁要问：如何才能留住"APEC蓝"？

11月10日，习近平总书记在APEC欢迎宴会上给出了回答。他说："也有人说，现在北京的蓝天是'APEC蓝'，美好而短暂，过了这一阵就没了，我希望并相信通过不懈的努力，'APEC蓝'能够保持下去。""我们正在全力进行污染治理，力度之大，前所未有，我希望北京乃至全中国都能够蓝天常在，青山常在，绿水常在，让孩子们都生活在良好的生态环境之中，这也是中国梦中很重要的内容。”

11 月 12 日，中美两国发表了《中美气候变化联合声明》，两国元首宣布了各自在 2020 年后应对气候变化的行动目标，中国将力争实现温室气体排放量在 2030 年左右开始减少。此前，中国政府还发布了《国家应对气候变化规划（2014—2020 年）》。

享受蓝天是每个人的权利，但生态建设不可能一蹴而就。作为世界上最大的发展中国家，中国经济 30 多年

事实真相

建设美丽中国　中国作为发展中国家，在现代化进程中始终面临着发展经济与保护环境的双重挑战。改革开放以来，我国在经济建设取得巨大成就的同时，也遭遇到资源约束趋紧、环境污染严重、生态系统退化等严峻形势。为此，党和国家提出了“建设美丽中国”的目标并依次展开，同时积极参与环境保护方面的国际合作。尽管如此，接下来的环保事业依旧征途漫漫，它一方面需要政府继续采取更加有力的措施，另一方面需要每个人切实参与其中，为建设美丽中国尽力。

的快速发展，付出了高昂的环境代价，需要花大力气治理。“APEC 蓝”也说明了一个道理：只要努力，雾霾是可以治理的。要想蓝天永驻，我们每个人都要行动起来。政府、企业、个人共同承担责任，一个都不能少。

4. 破除“双轨制”

2014 年 12 月 31 日，中共中央总书记、国家主席、中央军委主席习近平通过中国国际广播电台、中央人民广播电台、中央电视台发表了 2015 年新年贺词。他说：“新年的钟声即将敲响。我们要继续努力，把人民的期待变成我们的行动，把人民的希望变成生活的现实。”

2015 年是全面深化改革关键之年。1 月 14 日，国务院发布《关于机关事业单位工作人员养老保险制度改革的决定》，决定从 2014 年 10 月 1 日起，国家机关事业单位实行社会统筹与个人账户相结合的基本养老保险制度，由单位和个人共同缴费。这就是说，近 4 000 万机关事业单位工作人员将和企业职工一样缴纳养老金，向

退休职工在银行领取养老金

着破除养老保险“双轨制”，实现公平养老迈出关键一步。

养老保险“双轨制”，是指机关事业单位工作人员和企业员工享有不同的养老金发放制度。同等学历、同等职称、同等职务、同等技能、同等工作年限，只因单位性质不同而退休待遇产生的差别多年来一直饱受诟病。维持“双轨制”，有违社会公平，而草率并轨，也易引发社会波动。因此，近年来，虽然破除“双轨制”的呼声日渐高涨，但因为改革涉及的面太广，始终是“雷声大、雨点小”。

改革是发展的动力，无论阻力多大，都必须坚持走下去。推进机关事业单位养老保险制度改革，破除养老保险“双轨制”，体现了制度的公平性。

在启动实施机关事业单位与企业养老保险并轨的同时，经国务院批准，中国政府还统一提高了全国城乡居民基本养老保险基础养老金最低标准。为进一步缩小机关事业单位与企业退休人员养老金的差距，政府又从2018 年 1 月 1 日起，将企业退休人员基本养老金再提高 5% 左右，迎来第 14 连涨，近 1.14 亿退休人员因此受益。

5. 力保安居乐业

中央政治局集体学习是党的十六大以来建立的一项重要学习制度，也是中央咨询决策、凝聚共识的渠道。2013 年 10 月 29 日下午，新一届中央政治局进行第 10 次集体学习，学习的内容是“加快推进住房保障体系和供应体系建设”。

集体学习的课堂设在中南海怀仁堂的会议室。1949

年9月，中国人民政治协商会议第一届全体会议就是在这里召开。此后，党和国家的许多重要会议、重要活动也都在此举行。

会议室迎面是一幅巨幅国画，国画前一左一右摆放着国旗和党旗。课桌是由一圈圈同心椭圆形的桌子围绕而成。在这个特殊的课堂上，也有着一群特殊的“学

事实真相

集体学习　重视学习、勤于学习、善于学习是中国共产党的优良传统。中央领导集体学习最早可以追溯到1986年。党的十六大后，党中央提出了建设学习型政党和形成学习型社会的要求，确立了中央政治局集体学习制度。截至2017年10月，中央政治局已进行集体学习121次，平均每隔40来天就要上一堂课。集体学习的课堂设在中南海怀仁堂的会议室，“学生”主要是中央政治局委员和党中央、国务院相关机构的负责人和各部委领导，授课的老师主要是来自高等院校、党校、科学院、党政机关研究室、军队院校及研究机构的专家学者，由总书记亲自主持，学习内容涉及经济、政治、文化、社会、法律、历史、科技、军事、体育等多个方面，具有很强的针对性和战略性。

山东省枣庄市薛城区燕山路实施棚户区改造，圆了居民的幸福安居梦。图为居民们在社区广场打太极扇

生”，他们主要是中央政治局委员，此外还有中央委员和相关领域的官员等约三四十人。总书记坐在最内一圈“课桌”的正中位置，左右两侧是其他几位政治局常委，总书记对面是授课的专家，其他官员依次坐在外圈。

此次集体学习的主题是住房问题，由清华大学土木水利学院教授刘洪玉、住房和城乡建设部政策研究中心研究员秦虹进行讲解。两位主讲老师在接到授课任务通知后，进行了认真备课，在正式授课前还经过了3轮试讲。

集体学习由习近平主持。首先由刘洪玉教授、秦虹研究员进行讲解，并谈了他们的意见和建议。授课前，讲义已经印成了放大版，人手一份。在一个半小时的讲解中，听课的“学生”们全神贯注，不时地在讲稿上勾勾画画。每讲到翻页处，总能听到齐刷刷的翻页声。讲课结束后，大家就有关问题进行了讨论和提问。

集体学习的最后，按惯例是习近平总结发言。他说：“住房问题既是民生问题也是发展问题，关系千家万户切身利益，关系人民安居乐业，关系经济社会发展全局，关系社会和谐稳定。人民群众对实现住有所居充满期待，我们必须下更大决心、花更大气力解决好住房发展中存在的各种问题。”

针对推进住房保障和供应体系建设，习近平总书记指出：“只有坚持市场化改革方向，才能充分激发市场活力，满足多层次住房需求。”“政府必须‘补好位’，为困难群众提供基本住房保障。”“构建以政府为主提供基本保障、以市场为主满足多层次需求的住房供应体系。”

习总书记的讲话，让人们对住房领域的深化改革充满期待。

6. 力争教育公平

教育是民族振兴和社会进步的基石。让孩子受教育、受到良好教育，不仅“能上学”而且能“上好学”，是每个家庭的共同愿望。因此，党的十八大提出“努力办好人民满意的教育”，让每一个孩子都能成为有用之才。

2012年12月31日下午,《扬子晚报》新浪官方微博发布了江苏省2013年异地高考方案：从2013年开始，只要取得江苏省普通高中学籍，并完整读完3年普通高中，监护人有合法稳定工作、合法住所，即便租房住的外省高中生都可以参加江苏省高考，享受和江苏考生同等录取政策。

这一天是教育部规定的各省异地高考方案出台的最后一天，除天津市、西藏自治区外，各省异地高考方案相继揭开面纱。异地高考破冰，是教育公平向前迈出的重要一步。

教育公平具有起点公平的意义，是社会公平的重要

安徽省合肥市肥西县肥西中学2011级宏志班的学生们在课堂上做笔记，迎战2014年高考

基础。2013年5月，国务院召开会议，决定进一步提高重点高校招收农村学生的比例，让更多农家子弟有更好的升学机会。扩大农村贫困地区定向招生专项计划，2013年重点高校面向特困地区招生名额增加至3万名，招生区域包括所有国家级扶贫开发重点县，招生高校覆盖所有“211工程”和中央部属高校，特别是知名高校。这对广大贫困地区考生来说是天大的好消息。

河北省阜平县考生杨睿就是这个决定的受益者。2014年，杨睿以618分的高考成绩拿到了北京林业大学的录取通知书。618 分的成绩，虽然比河北理工类重点线高出 45 分，却达不到北京任何一所“211”学校的录取分数线。杨睿之所以能被录取，缘于他通过了北京林业大学 2014 年自主选拔录取农村专项“树人计划”的考核，只要考生高考成绩达到重点线，就可以被录取。

河北省阜平县是国家级贫困县，杨睿符合农村贫困地区定向招生专项计划的条件。但因为地处偏僻、消息闭塞，杨睿和他的同学们完全不知道还有“自主招生”这回事。刚好这一年，大学生支教团来到他的家乡支教，在支教老师的鼓励和帮助下，杨睿获得了农村自主选拔录取资格。在录取过程中，因为杨睿在填报志愿时没有搞清“自主选拔录取”和“农村自主选拔录取”的区别，险些与心仪的大学失之交臂，但最终还是如愿以偿地拿到了录取通知书。在得知自己被录取后，杨睿哭了。他自己下厨做了一顿“丰盛”的晚餐：炒土豆和腌黄瓜。

其实不仅是杨睿，截至 2015 年，因为实施了重点高校“农村贫困地区定向招生专项计划”，已有 8 万“寒门子弟”跨入名校大门。2016年，国家专项计划定向招收贫困地区学生规模达6万人，不让贫困家庭的孩子输在起跑线上。

7. 中国梦·我的梦

从党的十八大强调全面建成小康社会、党的十八届三中全会部署全面深化改革，到党的十八届四中全会要求全面依法治国、党的群众路线教育实践活动总结大会宣示全面从严治党，以习近平同志为核心的党中央统

事实真相

“四个全面”战略布局　“四个全面”战略布局，是以习近平同志为核心的党中央，从坚持和发展中国特色社会主义全局出发，提出的治国理政的总方略，是实现中华民族伟大复兴的战略布局。“四个全面”，即全面建成小康社会、全面深化改革、全面依法治国和全面从严治党。“四个全面”是一个整体，既有目标，又有举措。每一个“全面”，都是一整套系统思想，相互之间又密切联系，有机统一。

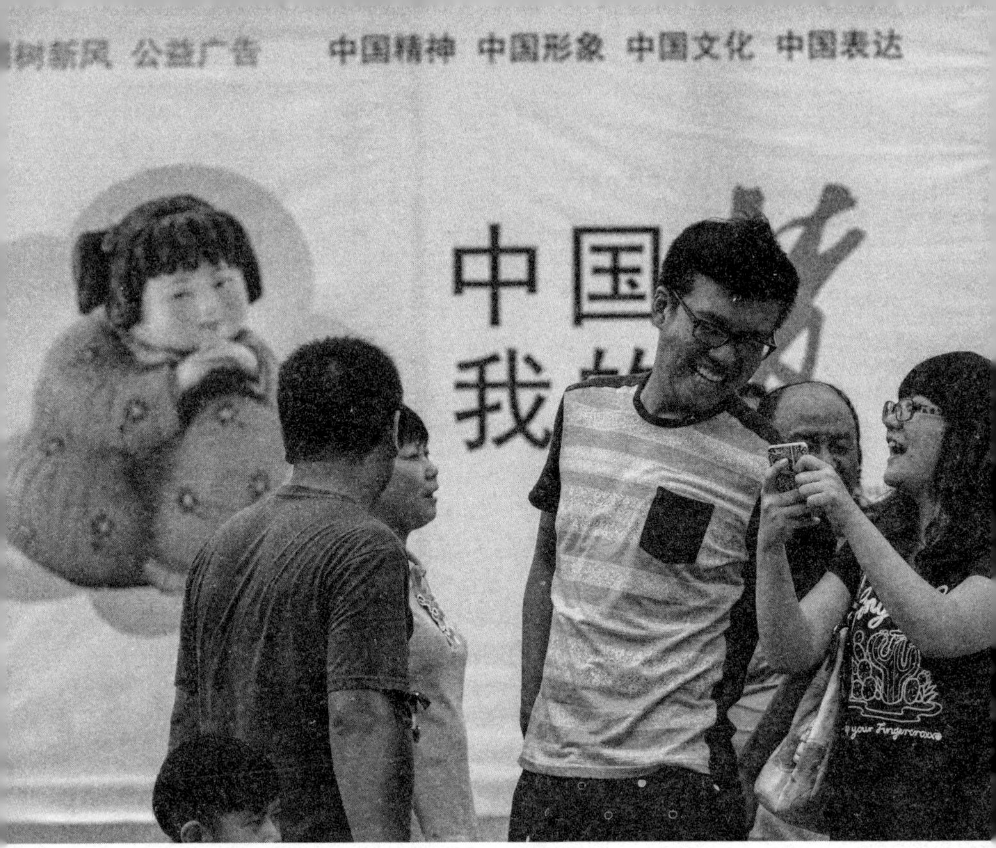

西安市钟鼓楼广场“中国梦·我的梦”公益广告牌，成为城市一道亮丽风景线

筹推进五位一体总体布局，协调推进“四个全面”战略布局，不断引领中华民族走向复兴，团结十几亿人民共圆梦想。

中国梦归根到底是人民的梦，中国梦为每个中国人的梦想提供了空间和舞台。2013 年，国家互联网信息办公室组织全国百家网站开展“中国梦·我的梦——全国百家网站寻找追梦人”大型主题采访活动。以工作在工、

农、商、学、兵等各个行业一线的普通百姓为采访对象，倾听他们的梦想宣言。

中央财经大学校长王广谦：我的中国梦是教育公平，大家都幸福。

新东方教育科技集团董事长兼总裁俞敏洪：社会可以平稳地发展。

医院的合同工杨芳荣：取得北京市户口。

自由职业者赵远：办一个集教育、娱乐于一体的儿童乐园，让农村孩子也能享受和城里孩子一样的教育。

媒体人石榴：找到一个可实现的梦想，并为之奋斗。

编辑李红军：病有所医，居有其屋，老有所养。

记者Rosie：找到自己想要的生活。

打工者闫红英：希望儿子能在北京买上一套房子。

学生孙阜：最爱的音乐可以一直陪伴我。

护士但平：希望能够呼吸新鲜空气，享用健康食品。

……

人民期盼有更好的教育、更稳定的工作、更满意的收入、更可靠的社会保障、更高水平的医疗卫生服务、更舒适的居住条件、更优美的环境……人民对美好生活的向往，对人生出彩机会的渴望，正是中国梦最富生命力的构成。每个中国人为梦想成真而不懈努力，汇聚成了实现中华民族伟大复兴的中国力量。有梦想，有机会，有奋斗，一切美好的东西都可以创造出来。

8. 全面进入新时代

2017年10月18日至24日，中国共产党第十九次全国代表大会在北京召开。在全面建成小康社会、实现我们党确定的“两个一百年”奋斗目标的第一个百年奋斗目标的决胜阶段，站在即将开启第二个百年目标新征程的历史起点上，十九大将会做出怎样的战略部署，全世界都充满期待。

18日上午9时整，人民大会堂万人大礼堂内奏响庄严的《义勇军进行曲》，全场起立高唱国歌。主席台上方

2017 年 10 月 18 日，中国共产党第十九次全国代表大会在北京隆重开幕

悬挂着“中国共产党第十九次全国代表大会”的会标，后面幕布正中是镰刀和锤头组成的党徽，10 面红旗分列两侧。二楼和三楼眺台上分别悬挂着“不忘初心，牢记使命，高举中国特色社会主义伟大旗帜，决胜全面建成小康社会，夺取新时代中国特色社会主义伟大胜利，为实现中华民族伟大复兴的中国梦不懈奋斗！”“伟大、光荣、正确的中国共产党万岁！”的横幅。

在掌声中，习近平走向主席台正中的讲台，代表第十八届中央委员会向大会做题为《决胜全面建成小康社

会 夺取新时代中国特色社会主义伟大胜利》的报告。他首先回顾了过去五年的工作，指出：十八大以来的五年，取得了改革开放和社会主义现代化建设的历史性成就，解决了许多长期想解决而没有解决的难题，办成了许多过去想办而没有办成的大事，推动党和国家事业发生历史性变革。他说："经过长期努力，中国特色社会主义进入了新时代，这是我国发展新的历史方位。"全场响起热烈的掌声。

"中国特色社会主义进入了新时代"，这是对我国发展新的历史方位的科学判断，而做出这一判断的重要依据就是："我国社会主要矛盾已经转化为人民日益增长的美好生活需要和不平衡不充分的发展之间的矛盾。"面对我国仍处于社会主义初级阶段的基本国情和社会主要矛盾的变化，中国共产党围绕新时代坚持和发展什么样的中国特色社会主义、怎样坚持和发展中国特色社会主义进行理论创新，形成了新时代中国特色社会主义思想。

中国特色社会主义进入新时代，意味着近代以来久经磨难的中华民族迎来了从站起来、富起来到强起来的伟大飞跃，迎来了实现中华民族伟大复兴的光明前景；意味着科学社会主义在21世纪的中国焕发出强大生机活力，在世界上高高举起了中国特色社会主义伟大旗帜；意味着中国特色社会主义道路、理论、制度、文化不断发展，拓展了发展中国家走向现代化的途径，给世界上那些既希望加快发展又希望保持自身独立性的国家和民族提供了全新选择，为解决人类问题贡献了中国智慧和中国方案。

这个新时代，是承前启后、继往开来、在新的历史条件下继续夺取中国特色社会主义伟大胜利的时代，是决胜全面建成小康社会、进而全面建设社会主义现代化强国的时代，是全国各族人民团结奋斗、不断创造美好生活、逐步实现全体人民共同富裕的时代，是全体中华儿女勠力同心、奋力实现中华民族伟大复兴中国梦的时代，是我国日益走近世界舞台中央、不断为人类做出更大贡献的时代。